Extrait du Bulletin de la

Société de Géographie d'Alger

ET DE L'AFRIQUE DU NORD

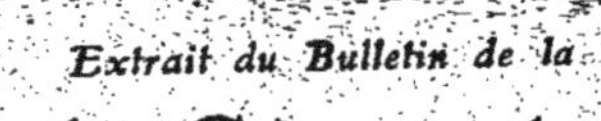

A. JOLY

ÉTUDE

sur le

TITTERI

ALGER

IMP. TYPOGRAPHIQUE & LITHOGRAPHIQUE S. LÉON

15, Rue de Tanger, 15

1906

ÉTUDE SUR LE TITTERI

Dans les lignes qui suivent, je me propose de parler d'une région du Sud du Tell algérien, assez mal connue, encore qu'elle ne mérite point l'oubli dont elle est l'objet. Je ne désire pas en faire une étude complète, mais seulement appeler l'attention sur sa valeur économique ; et, pour mieux permettre au lecteur de s'en rendre compte, je lui exposerai d'abord succinctement quelle en est la structure générale [1].

I. — Description du Titteri

1º *Généralités.* — Au Sud un peu Est de Médéa, à 45 kilomètres environ, comptés à vol d'oiseau, commence, à la limite du Tell et des steppes, une région montagneuse d'un caractère bien particulier. Ce sont les *montagnes du Titteri*, partie la plus méridionale de l'ancienne province turque du même nom, dont jadis *Médéa* fut précisément le chef-lieu. Ces montagnes s'étendent sur une longueur de 70 kilomètres, depuis *Boghari*, à l'Ouest, sur la route d'Alger à Lagouate, jusqu'à *Sidi Aïssa*, à l'Est, petit village situé à 40 kilomètres au Sud d'*Aumale*, sur la route d'Alger à Bou Saada.

Elles finissent du côté de l'Ouest sur la *Trouée de Boghar*, vallée profonde et plate, remplie d'alluvions, dirigée du Sud au Nord, et par laquelle, à 650 mètres d'altitude, le *Chélif*, depuis peu formé par la réunion du *Nahr Ouacel* et de l'*oued Touil*, s'échappe enfin des plateaux steppiens pour pénétrer franchement dans le Tell et courir à la mer. Les crêtes bordent le fleuve, sur sept à huit kilomètres, de leurs escarpements de grès dénudés, et c'est bien juste souvent si, de leur pied jusqu'au bord des berges à pic du Chélif, elles laissent place à quelque champs exigus, ainsi qu'au long ruban de la route nationale d'Alger à Lagouate. De l'autre côté de la trouée, se dressent

---

(1) Cette étude est le résultat d'observations faites au cours des travaux et recherches géologiques qui m'ont été confiés par le Service de la carte géologique de l'Algérie.

les *hauteurs de Boghar*, premier sommet, déjà très élevés, du grand quadrilatère montagneux qui s'étend de là dans l'Ouest jusqu'à la *Mina* ; leurs cîmes portent des forêts de pins et de chènes qui leur font un sombre manteau.

Les montagnes du Titteri finissent dans l'Est sur une dépression à peu près de même altitude, dans des parties basses, que la trouée de Bogar, mais beaucoup plus large et moins définie sur une partie de ses bords. C'est le haut bassin de l'*oued Leham*, le grand cirque drainé par la tête de celui-ci et par les affluents de son cours supérieur. Il s'ouvre entre la *chaîne du Dira*, au Nord, diverses ondulations confuses à l'Est, le Titteri, au Sud-Ouest et la montagne isolée dite *Ennaga*, au Sud-Est. Entre les deux derniers accidents, une large percée, remplie d'alluvions, donne accès dans la *plaine de Hodna*, vers laquelle s'écoulent les eaux de l'oued Leham.

Au Sud, le Titteri s'arrête sur les steppes ou sur les plaines attenantes, d'une façon très brusque. Souvent il les domine de grands escarpements. En tous cas, sauf de rares exceptions, il vient y mourir par des pentes si bien accentuées qu'il s'en distingue au premier coup d'œil. Vu de loin, de ce côté, il présente l'aspect d'une muraille longue et continue, dont la crête, à peine dentelée, n'est dominée que par de rares sommets mieux détachés.

Au Nord, enfin, trois vallées le séparent, très nettement aussi, sans ambiguité possible, du reste du Tell, établies au fond d'un seul et même sillon dirigé de l'Est à l'Ouest. Dans la première coule l'*oued El-Hakoum* ; ce cours d'eau, dirigé vers le couchant, va se jeter dans le Chélif à 9 kilomètres au Nord de Boghari, après avoir recueilli les eaux torrentielles des *montagnes de Berrouaghia*, situées plus au Nord et celles de la *chaîne du Mont-Gorno*, qui borde sa rive droite. La seconde est celle de l'*oued Tafraout*. Ce ruisseau coule aussi de l'Est à l'Ouest tout d'abord ; mais bientôt, tournant au Nord brusquement, il franchit dans une gorge des plus étroites les ondulations d'*Echchahba*, collines peu élevées qui marquent dans l'Ouest l'extrémité du chaînon dont le *Dira* forme, plus à l'Est, le point culminant. Au-delà, continuant à couler vers le Nord sous différents noms, l'oued Tafraout va traverser la *plaine des Beni-Slimann*, et, grossi d'autres torrents, il finit par former un petit fleuve aux eaux impétueuses en hiver, qui prend le nom d'*Isser* en abordant les pays kabyles. Dans la troisième vallée coule l'*oued Mesfaïa* (*Oued El-Melah* à sa naissance), une des branches supérieures de l'Oued-Leham ; il se dirige d'abord franchement vers l'Est, puis se coude vers le Sud-Est, en recevant l'oued *Maamoura* et les eaux du *Dira* ; il ne quitte plus cette direction jusqu'à ce qu'il entre enfin dans la *plaine du Hodna*.

En réalité, quoique parcourues par des ruisseaux qui s'écoulent en sens diamétralement opposés, les deux dernières vallées n'en font qu'une ; elles proviennent du tronçonnement d'une autre, beaucoup plus ancienne, dont la tête, correspondant à l'oued *Tafraout*, a été captée par l'Isser. Il est facile de s'en convaincre en les parcourant depuis le Hodna jusqu'au coude de l'oued Tafraout. On se trouve, en fait, dans une vallée unique, qui ne cesse d'aller se rétrécissant pour atteindre enfin des dimensions très exiguës, sans qu'aucun seuil, aucun étranglement vienne y marquer une séparation entre les parties drainées par des eaux différentes.

D'autre part, de l'oued Elhakoum à l'oued Tafraout on rencontre seulement des collines peu élevées, coupées par l'*oued Harmela* et plusieurs ravins qui viennent y tomber pour l'écouler de là dans le bassin de l'Isser. Assez bien dessinées pour séparer des vallées différentes, ces hauteurs ne le sont pas assez, par contre, pour interrompre la continuité du sillon qui se creuse au Nord du Titteri. De sorte que celui-ci demeure très nettement isolé, de ce côté comme de tous les autres.

La vallée de l'*oued Elhakoum* est la plus large : son fonds, rempli d'alluvions étagées en terrasses peu dénivelées, forme une belle plaine où serpente, avec mille méandres, le lit de l'oued, nappe de cailloux blancs, bordée de tamarix, sur laquelle murmure en temps ordinaire un filet d'eau. Des pentes allongées la dominent du côté du Titteri, auquel sa climatologie, son aspect, ses productions, la rattachent directement, tandis que les hauteurs de la rive opposée sont en général à pentes rapides et marquent le début d'une région du Tell tout à fait différentes. Les autres vallées ne sont de même, et pour les mêmes raisons, qu'une dépendance du Titteri. La longue chaîne qui court du Mont-Gorno jusqu'au Dira les ferme du côté du Nord, et celles de leurs eaux qui vont à la mer doivent traverser cette barrière dans des gorges et des défilés. Mais elles sont d'une dimension infiniment moindre, sauf celle de l'oued Mesfaïa, à partir de sa jonction avec l'oued Maamoura. Car alors — au sortir des ondulations argileuses qui marquent, dans l'Est, les derniers reliefs du Titteri jusqu'au méridien de *Ras Eddeba* et de la pointe orientale du *Kef Afoul* — la vallée s'abaisse et s'épanouit pour former le grand cirque où ruissellent toutes les eaux venues du Nord. C'est la fin du Titteri et le début de la zone de collines ravinées, parsemées d'îlots gréseux comme Ennaga, qui règne en bordure de la plaine du Hodna, du côté du Nord.

L'axe longitudinal de la région montagneuse que je viens de définir affecte une forme sinueuse, courant du Sud-Ouest au Nord-Est d'abord, puis s'inclinant vers le Sud-Est pour se diriger enfin franchement vers l'Est, sur 70 kilomètres environ. L'axe transversal peut atteindre une douzaine de kilomètres, grandeur qui varie peu d'ailleurs, car, en plan, la figure du petit massif se rapproche assez de celle d'un rectangle déformé.

2º *Parentés du Titteri.* — Mais si, topographiquement, les montagnes du Titteri se trouvent isolées, il n'en est plus de même à d'autres points de vue. C'est ainsi que les formations géologiques qui les constituent se prolongent fort loin dans l'Est et dans l'Ouest, d'une part jusqu'à *Tissemsil*, en allant sur *Tiaret*, de l'autre jusqu'à 30 ou 35 kilomètres au-delà de *Sidi-Aïssa*, dans la direction de *Msila*. Elles constituent toute une zone de hauteurs disposées, comme le Titteri, entre les grandes chaînes telliennes et les plateaux ; mais, quoique offrant avec lui beaucoup d'analogie, elles sont moins continues, moins élevées, ont moins d'unité. Le djebel *Larouat*, l'*Azzaba*, la *Dlaa Aziz*, dans l'Ouest ; et dans l'Est *Ennaga*, le *Mehazzem*, etc., en sont des points saillants.

A six kilomètres au Sud de Bogari, les mêmes formations se retrouvent encore dans une série de collines qui forment, à la bordure des steppes, une zone montueuse bien définie, dirigée du Sud-Ouest au Nord-Est, comme les chaînons de l'Atlas Saharien. A leur midi s'étendent les espaces plats et déserts parcourus par les nomades ; une ligne de dépressions bien dessinées les sépare au Nord des montagnes du Tell et notamment des sommets de la zone tertiaire que j'ai ci-dessus cités, l'Azzaba, le Larouat, la Dlaa Aziz ; c'est la *plaine de l'oued Issa*, celle *d'Echcheriya*, celle des *Ouled Ahmed ben Saad*, continuée par la *plaine de Bogari* et celle des *Ouled Mokhtar*.

Le *Rihouèn Dahraoui* est le sommet le plus occidental de ces collines ; les *Kobarate* viennent ensuite, puis le *Gorïne* et le *Drèa Labiode* ; le double sommet tronc-conique, de forme si typique, dit *Oumhète Ettine*, en marque la fin dans l'Est. Une étendue de terrasses aplanies commence au-delà et se prolonge jusqu'à la *Chebkat Ermouirète* qui fait partie du Titteri.

Très nettement séparées de tous les autres accidents montagneux voisins, ces hauteurs ne peuvent être confondues avec aucun d'entre eux ; et cependant, malgré leur unité, malgré l'homogénéité de caractère qu'elles présentent d'un bout à l'autre, aucun nom particulier ne permet de les désigner dans l'ensemble. Je propose de les appeler *collines de l'Ante-Titteri*, ou plus simplement *Ante-Titteri* pour affirmer leur indépendance et leur unité orographique tout en marquant leurs relations avec le petit massif qui nous occupe ; car elles lui ressemblent à plus d'un titre, et dans l'Ouest, elles lui forment comme un écran qui le sépare des steppes sur quelques kilomètres.

L'Ante-Titteri ne sera pas compris dans le cadre de cette étude, car il est topographiquement trop nettement séparé du Titteri. En même temps il marque déjà une tendance plus accentuée vers le désertisme, et son régime économique s'en ressent. Mais sa proximité du Titteri, ses analogies avec lui, à quelques égards, m'obligeaient à le signaler, ne fut-ce que pour éviter toute confusion dans l'esprit du lecteur et pour m'épargner le reproche de l'avoir oublié.

3o *Structure du Titteri.* — Les montagnes du Titteri se présentent sous la forme excessivement simple d'une série d'arêtes souvent très étroites, mais ordinairement très longues, alignées d'une façon à peu près exacte, parallèlement entre elles et aussi, en général, à l'axe de longueur du massif. Fréquemment les abrupts sont au Sud tandis qu'au Nord règne un glacis rapide. Des vallées étroites, au profil maintes fois triangulaire, également parallèles entre elles, puisqu'elles longent les crêtes, creusent entre celles-ci des sillons profonds de 100 à 200 mètres ou même davantage. C'est à peine si, dans le cœur même du massif, on voit intervenir de loin en loin quelque vallée plus large, comme celle de l'*oued Oroua*, ou quelque dépression, comme *Edderoua,* comme le *cirque de Teqaza*, dont la surface ondulée peut jusqu'à un certain point donner l'illusion d'une plaine parce que l'indécision de ses lignes très adoucies tranche avec la hardiesse des crêtes rocheuses qui l'environnent.

En général, peu ou point d'alluvions par suite dans le fond de ces vallées ; ou bien ces alluvions se réduisent à de minces rubans sans surface appréciable. A la périphérie seulement, quelques plaines véritables; comme par exemple celle des *Abaziz,* dans le Sud du territoire des *Ouled Maarreuf,* s'intercalent entre le corps de la montagne et les derniers ressauts qui viennent saillir, sans relief bien important, tout à fait en bordure des steppes.

On peut donc penser, soit que la plupart de ces vallées sont d'âge récent, soit qu'elles ont subi, à une époque voisine, des remaniements considérables qui les ont transformées. La dernière hypothèse semble plus plausible, si l'on tient compte des lambeaux d'alluvions anciennes (pliocène et quaternaire), demeurées sur les flancs de quelques unes, souvent à de grandes hauteurs au-dessus des eaux actuelles. Certains vallonnements des environs de Boghari, encore à demi comblés d'alluvions pliocènes parmi lesquelles les torrents ont creusé de pittoresques canons, nous représentent ce qu'étaient autrefois les autres.

Beaucoup de vallées débouchent aux extrémités Est et Ouest du Titteri ; d'autres viennent finir presque tangentiellement sur ses grands côtés ; si bien que, les longeant, on parvient facilement au cours même du massif. Mais il leur arrive assez souvent d'être tronçonnées, elles aussi, et de servir de lit à des torrents de sens tout à fait différents : soit parce que, dès le début, les forces tectoniques en ont disposé le thalweg sur deux égouts, soit que divers phénomènes d'érosion et de capture en soient la cause.

En résumé, une coupe transversale du Titteri présenterait l'aspect d'une figure grossièrement trapézoïdale, mais avec cette particularité que le côté supérieur serait en dents de scie.

Après ces premières indications destinées à permettre au lecteur de se faire une idée d'ensemble, il convient de mentionner quelques détails de structure. En premier lieu, le coude brusque qui affecte la direction des crêtes entre *Bogari* et la coupure d'*Aïn-Nouel*, les rejetant du Sud-Ouest au Nord-Est d'abord, pour les infléchir ensuite brusquement vers l'Est-Sud-Est, puis l'Est. Puis l'existence aux abords de Bogari, dans l'extrémité Sud-Ouest du massif, d'une sorte de *noyau* de forme ovale très allongée, hérissé de crêtes aiguës, lui aussi. Mais les abrupts de crêtes sont, tantôt tournés vers le Nord et tantôt vers le Sud ; en même temps aucune vallée n'y prend de profondeur ; toutes se bornent à n'être que d'étroits fossés très encaissés, ou bien des vallonnements doux, et il s'ensuit que l'ensemble forme comme un socle, une sorte de sub-plateau, d'altitude moyenne supérieure à tout ce qui l'entoure. C'est l'image de ce que fut ailleurs le Titteri avant d'avoir été démantelé par l'érosion.

Cette partie du Titteri mé semble assez bien individualisée pour mériter un nom particulier qui la désigne dans l'ensemble, car la nomenclature indigène ne comprend que des appellations, nombreuses à la vérité, mais relatives seulement aux sommets, aux crêtes, aux ravins pris isolément. Peut-être pourrait-on l'appeler *sub-plateau des Hannacha*, du nom de la fraction qui l'habite.

4º *Sommets, altitudes, formes.* — Parmi toutes les crêtes parallèles du Titteri, il en est que leur altitude signale plus particulièrement à l'attention. Les points culminants sont en général plus rapprochés de la bordure septentrionale du massif, et, bien que le fait souffre des exceptions, dans l'ensemble l'altitude moyenne est plus grande de ce côté. Je citerai, parmi les crêtes allongées, le kef *Lakhdar Cheryui* (1464), le kef *Lakhdar-Rarbi* (1389), le *Temsmisal* (1405), le kef *Maaskeur* (1349). De quelques autres il reste seulement des lambeaux qui jouent le rôle de sommets plus ou moins isolés et présentent encore une assez belle altitude. Tels sont : *Djehaïfa* (1180) ; *Taragraguet* (1415) ; *Elmougar* (1280), larges pyramides de pierres, énormes masses aux sommets souvent doubles ou triples ; tel encore le *Gueurn des Adaoura* qui monte sa pointe aiguë — d'où son nom [1] — jusqu'à 1.428 mètres.

Mais cette forme dégagée est rare. Ce qui domine, c'est la forme en rempart massif, aux flancs inclinés d'un côté, de l'autre abrupts, et portant de grandes canelures cylindriques et déprimées, ou bien encore celle de crêtes aiguës en faucilles, qui se suivent alignées sur de longues distances. Une seule montagne, le djebel *Fegnouna* (1149), particulièrement attaquée par les eaux, et peut-être aussi par les vents, présente à la cime des escarpements ruiniformes visibles de fort loin et du plus singulier effet.

J'ajoute qu'au pied de ces crêtes, de ces sommets uniquement composés de grès, dévalent, du côté des escarpements, des pentes argileuses rapides qui contrastent fortement avec les abrupts rocheux les surmontant.

On comprend que, par suite de la structure du Titteri, on ne saurait trouver de col ouvert dans sa masse et qui permette de le franchir d'un coup, en passant une seule fois quelque maîtresse ligne de hauteurs unique. Il faut au contraire monter et redescendre maintes fois, pour franchir les crêtes multiples placées au devant les unes des autres comme autant d'obstacles ; et ce par des sentiers quelquefois malaisés, surtout en cas de mauvais temps. Ou bien il faut, cheminant de vallée en vallée, faire de longs détours pour éviter les murailles de grès qui les séparent, en profitant des brèches qui les entament. Un seul passage plus largement ouvert se présente sur toute la longueur du massif. C'est la *dépression d'Edderoua* ; elle permet, passant entre le *Taragraguet* et le *Mongar*, de se rendre de la vallée de l'*oued Elhakoum* à la *plaine des Ouled Moktar* et de là dans les steppes, sans avoir à gravir autre chose que des pentes et des mamelons argileux jusqu'aux abords de la limite du Titteri, à *Saneg*. Là, il est vrai, quelques seuils rocheux s'interposent ; mais

---

[1] *Gueurn* قرن signifie *corne*.

ils ne sont pas un obstacle sérieux. Cette dépression est le seul endroit du Titteri où les grès disparaissent sur une surface vérita- blement importants ; elle sein de presque le massif en deux parties. Le point culminant du passage est à 1.050 ou 1.060, 350 mètres plus bas que le *Taragraguet* et 200 mètres au-dessous du *Mongar,* qui, l'un et l'autre, l'encadrent.

Malgré sa disposition peu propre à faciliter les communications, le Titteri ne présente pas de difficultés véritables ni de chemins dan- gereux pour des cavaliers ou même pour des bêtes de somme pas trop lourdement chargées. Certaines parties sont accessibles aux chameaux presque toutes aux mulets, et il n'est pas jusqu'au Tara- graguet, un des points culminants, dont la cîme ne puisse être atteinte, presque en son extrémité même, par les chevaux agiles du pays. Mais il n'en reste pas moins vrai que la multiplicité des crêtes, les nombreux détours, les montées et descentes fréquentes et renou- velées qu'elles imposent, tout cela ne laisse pas que d'être fastidieux et d'allonger beaucoup les trajets. En même temps, en cas de pluie, nombre de nappes argileuses sont absolument impraticables ; le passage d'Edderoua devient notamment alors un des plus mauvais.

5º *Géologie.* — Argiles et agrès composent en effet presque tout le Titteri. Ville, anciennement, puis M. Pierredon, mais surtout M. Ficheur, en ont fait l'étude. Les premiers détails précis furent donnés par le dernier géologue dans sa brochure intitulée : *Etude géologique des terrains à phosphates de chaux de la région de Boghari et de Sidi-Aïssa (Annales des Mines, sep. 1895),* accom- pagnée d'une carte au $\frac{1}{200.000}$. Aucune publication postérieure n'a com- plété nos idées sur la géologie du Titteri.

Ces argiles et ces grès, classés comme *éocènes,* nous intéressent en première ligne, comme nous le verrons par la suite. C'est à eux que le Titteri doit son caractère spécial. Cependant il faut signaler aussi l'apparition du substratum en certains endroits. Ce sont d'abord les calcaires à silex du *Suessonien,* répartis en deux longues bandes principales, l'une qui dessine un demi-cercle, à l'Ouest et au Sud-Ouest du Titteri, à la périphérie ; l'autre qui règne au pied du kef Lakhdar. Ces calcaires contiennent à plusieurs niveaux, irrégu- lièrement distribués, des phosphates de chaux très pauvres, et qui ne sauraient donner lieu à autre chose qu'à une exploitation pure- ment locale.

Ce sont ensuite les argiles noires qui viennent plus bas, également suessonniennes, bourrées de gypse en petits cristaux, très délitescentes. Ces deux formations ont aussi leur importance au point de vue économique.

En quelques points apparaissent d'autres argiles, d'autres marnes, entremêlées ordinairement de calcaires. C'est le *Sénonien*, ou crétacé supérieur, dont le rôle est insignifiant.

Enfin plusieurs îlots de gypses, mêlés à des marnes multicolores, rapportés au *trias*, s'intercalent çà et là brusquement. Ils forment des rochers, des collines isolées, tranchant par leurs teintes sombres, leurs couleurs bariolées de rouge, de jaune, de vert, de violet, par leur aspect déchiqueté, sur le reste du pays. Autour jaillissent des sources salées, ou tout au moins fortement saumâtres, quelquefois un peu sulfureuses ; tels le *Rocher de sel* de l'*oued Malah*, dans l'Ante-Titteri, au Sud de la plaine des ouled Mokhtar ; tels ceux des *Rebaïa* ; de l'*oued Elhakoum* ; de *Harmela*, au Nord du massif ; de *Zarga*, près d'*Aîne Boucif*, à *Teqaza* ; de *Ras Eddeba*, près de Chellala des Adaoura.

Bien que ces îlots triasiques, de même que les bandes du Suessonien, jouent un rôle appréciable aussi dans l'économie du Titteri, cependant c'est aux marnes et aux grès que revient la part prépondérante à cet égard, à cause de leur puissance, de leur étendue, de leur masse. Aussi, crois-je utile d'ajouter quelques mots sur ce sujet.

Les grès varient beaucoup de faciès et de texture. Tantôt ils sont durs et siliceux, tantôt très calcaires, tantôt très friables et presque sableux ; souvent ils se mêlent de poudingues qui paraissent très inégalement disposés dans la masse. D'ordinaire ils sont en bancs assez réguliers et d'épaisseur appréciable, deux mètres ou plus ; mais quelquefois ils s'intercalent de lits argileux ; ils peuvent se réduire à de simple lits ou même à des plaquettes. Ailleurs, ils forment des masses d'une énorme puissance, sans stratification bien régulière, comme au Kef Lakhdar.

Enfin il leur arrive d'être mélangés de parties plus dures, ellipsoïdes ou sphéroïdales, dont la dimension varie de celle d'un boulet de petit calibre à plusieurs mètres cubes. Ces grès à sphéroïdes règnent tout le long de la bordure Sud de la formation ; on en trouve de magnifiques exemples dans l'Ante-Titteri, mais ils ne sont pas rares non plus dans le Sud du Titteri. Lorsque l'érosion a enlevé la masse des grès, les sphères incluses demeurent sur place, jonchant le sol, en désordre.

La couleur des grès varie aussi ; tantôt ils sont jaunâtres ; c'est le plus ordinaire ; quelquefois bruns, parfois presque noirs, souvent grisâtres ; quelquefois aussi d'un blanc pur zébré de rose, intercalés de bandes d'un rouge vif. (Environs d'*Aïne-Touta*).

Ces variations continuelles de la texture, de la dureté, de faciès de ces grès, ont des conséquences au point de vue économique. Car, combinant leur influence avec .celles de l'altitude, qui change rapidement en des points très rapprochés, elles introduisent dans le Titteri une tendance manifeste au sporadisme ; le pays se partage en cantons assez différents, quoique très voisins.

Les marnes, elles, sont uniformément jaunâtres ou d'un brun de terre de Sienne claire, à la surface ; mais, dans les talus fraîchement éboulés, on les voit nuancées de jaune et de noir, très irrégulièrement feuilletées, imprégnées de cristaux de gypse ; mélangées de lits sans continuité, de lentilles, quelquefois localement de bancs de calcaires blanchâtres, souvent farcis de coquilles d'huîtres au point de devenir de véritables lumachelles. Ce sont ces calcaires qui donnent aux marnes assez de rigidité pour leur permettre de se maintenir en talus rapides au pied des falaises de grès, de former des collines assez accentuées, dans les endroits mêmes où la couverture de grès ayant disparu, l'érosion a pu les attaquer directement pour les modeler.

Les calcaires à silex forment aussi des accidents très nets, des pentes abruptes et souvent au profil convexe, des collines hardies, que leur aspect tout particulier permet de reconnaître à de grandes distances, car ils sont d'un blanc très pur et crayeux, presque éclatant. De là les noms donnés par les indigènes aux accidents qu'ils constituent, comme *Echchahba (la · blanchâtre)*, *Dréa Labiod (la crête blanche)*. Leurs pentes sont parfois jonchées d'innombrables débris de silex noir, provenant des rognons autrefois contenus dans les bancs, que l'érosion a dégagé et que les brusques variations de températures ont bien vite débités. On trouve encore ce silex dans les beaux calcaires nummulitiques sachcharoïdes qui, par places, remplacent les calcaires à silex et à phosphate de chaux, dont ils sont un faciès particulier. L'abondance des rognons qu'ils contiennent a valu à l'un des principaux accidents qu'ils constituent le nom de *Oum El Adam (la mère des os)*, parce que les indigènes considèrent quelquefois les rognons comme des ossements pétrifiés.

Les argiles du Suessonien, sous jacentes, sont d'un noir souvent intense, qui tranche sur l'éclat blanchâtre des calcaires à silex et qui les signale également de fort loin aux regards. Nous verrons plus loin leur rôle fâcheux en maint endroit, et les entraves qu'elles apportent à la circulation en hiver. C'est au développement qu'elles prennent à *Oummhète Ettine*, dans l'ante-Titteri, que ces monticules doivent leur nom *(mères de l'argile)*.

Il faut enfin dire quelques mots d'une dernière formation dont le rôle aujourd'hui se réduit à peu de chose, tandis qu'il a certainement été beaucoup plus considérable autrefois. Je veux parler du *pliocène*, couronné en général par une terrasse calcaire plus ou moins nette, tandis que sa base se compose d'alluvions sableuses rouges ou jaune orange, quelquefois d'un rose magnifique ou d'un rouge vermillon presque pur, comme à la limite méridionale du massif. Jadis il a dû remplir toutes les dépressions du Titteri ; mais il n'en reste plus que des lambeaux d'étendue restreinte, qui concourent néanmoins à donner à certaines parties des montagnes un aspect particulier, et qui ne manquent pas non plus d'une certaine importance au point de vue des cultures et des pâturages. Ce pliocène dessine des terrasses disposées au bord des vallées, comme celles qui dominent l'*oued Melah* et l'*oued Tafraout*, près de Chellala des Adaoura ; ou bien des glacis au pied des montagnes, tout morcelés, comme le long de l'*oued Elhakoum* ; quelquefois il est découpé en masses ruiniformes, en pyramides, en aiguilles, du plus pittoresque effet, comme certains ravins des environs de Boghari.

En un seul endroit, près de ce village, dans le *Chaab Hanacha*, il est demeuré sur quelques kilomètres dans son intégrité, réduisant la vallée ouverte entre deux crêtes, et qu'il a plus qu'aux deux tiers comblée, à n'être plus qu'un vallonnement très doux, au profil concave et très largement ouvert. Vers le milieu de la lisière méridionale du massif, il s'est mieux défendu contre l'érosion, parce qu'il se trouvait à une moindre altitude. Il s'étale vers le Sud en longues croupes très douces qui meurent dans les steppes ; vers le Nord il s'avance, découpé en éperons escarpés au-dessus des ondulations des grès, qu'il surmonte jusque vers la côte 900. C'est le dernier relief du Titteri de ce côté, relief atténué. Mais certainement autrefois, il se prolongeait plus au Nord, enterrant les crêtes de grès les plus méridionales jusqu'au tiers de leur hauteur et peut-être davantage ; reliant ainsi le Titteri au plateau des steppes par une zone de faibles déclivités.

C'est la présence de ces alluvions qui contribue encore à donner au *sub-plateau des Hannacha* sa tenue générale un peu spéciale, son allure plus suivie. Partout elles jouaient le même rôle autrefois à des degrés divers, même dans la partie centrale, du côté du kef *Lakhdar*, car des traces en demeurent jusque par-là ; et le Titteri n'était ainsi qu'une sorte de plateau très ondulé, sillonné de crêtes de grès allongées, le dominant de peu et séparées par de longs et larges couloirs à fond presque plat, tandis que des pentes douces le réunissaient aux steppes et que des vallées beaucoup plus larges, mais beaucoup moins profondes que celles qui leur ont succédé plus tard, l'isolaient des monts d'Aumale, du mont Gorno et des monts de Bogar. C'était quelque chose qui ressemblait un peu au *plateau central des steppes*, avec un relief moins épaté, mieux défini, plus multiplié mais à peine supérieur ; ou mieux encore aux *montagnes des Ouled Nayl*, entre Djelfa et Laghouat.

6o *Tectonique.* — La structure du Titteri, que j'exposais ci-dessus, s'explique très simplement par la tectonique. C'est une région affectée de plissements multiples, parallèles, plus nombreux qu'importants. L'érosion les a plus ou moins attaqués, tantôt pour en faire des sommets isolés, tantôt pour laisser des masses importantes qui ressemblent à des forteresses.

Telle est, d'ailleurs, l'allure de la même formation tertiaire à la limite des steppes, plus à l'Est et plus à l'Ouest, et aussi dans l'Ante-Titteri. Mais, dans le Titteri, les mouvements orogéniques ont pris une importance qu'ils n'ont pas eu autre part au même degré. Il en est résulté, d'abord, la surélévation du massif, qui se distingue par là si nettement de tout ce qui l'entoure ; puis l'amplitude des accidents qui sont intervenus pour lui donner son relief définitif. Les failles surabondent ; pour la plupart elles sont dirigées dans le sens même des plis, comme si les pressions latérales qui donnèrent à ceux-ci naissance avaient dépassé la limite d'élasticité des roches ; des mouvements de bascule, surtout vers le Nord, des chevauchements, ont déterminé l'orientation habituelle vers le Sud des abrupts, qui correspondent souvent à des lèvres de faille. Il est probable que ces dislocations nombreuses, qui affectent le Titteri, proviennent de ce que celui-ci est venu s'écraser contre les masses plus considérables, plus anciennement plissées déjà et plus résistantes du reste du Tell qui l'ont gêné dans ses mouvements. C'est pour la même raison, sans doute, que les axes des plis se sont coudés, et qu'ils sont maintes fois tordus plus à l'Ouest, ou dans l'Ante-Titteri. On dirait, à voir la direction des derniers, que les forces tectoniques agissaient de même que celles qui ont achevé l'Atlas Saharien, pour former des chaînons parallèles à celui-ci, avec le tertiaire au Nord des steppes. Mais l'énergie des contre-pressions développées par les massifs crétacés du Tell a fait dévier les crêtes en beaucoup d'endroits. L'étude détaillée des phénomènes qui en sont résultés serait un des plus beaux problèmes de mécanique, appliqué à la géologie, que l'on puisse se proposer.

Cependant, si l'allure tectonique du Titteri offre mainte analogie avec celle des parties contigues de la zone tertiaire à laquelle il appartient ; si elle procède évidemment d'un même ordre de causes, a dû débuter synchroniquement en passant par des phases initiales identiques ; d'autre part l'amplitude des accidents que je signalais ci-dessus a suffi pour introduire des différences capitales qui font au massif son individualité. Grâce à quoi on n'y retrouve plus ce qui est ailleurs la disposition ordinaire des accidents orographiques, je veux dire la disposition en dômes et en cuvettes juxtaposées. Alors que, nulle part, cette structure n'est aussi nette que dans l'Ante-Titteri, dans le Titteri au contraire on la devine seulement en quelques points — tel le *dôme effondré de l'oued Oroua* ; — et on ne la voit subsister intégralement qu'en un seul endroit, dans la *cuvette du Subplateau des Hannacha*. Encore doit-on reconnaître que, si c'est c'est bien là une cuvette véritable, à considérer le plateau dans son ensemble, cependant le fond en est lui-même affecté de plis secondaires si nombreux, si bien accentués, venant mourir en convergeant vers les deux bouts, que cela suffit au premier abord pour en masquer la nature véritable. Il convient de le remarquer, cette structure en dômes et en cuvettes, si développée dans l'Atlas Saharien et dans le Plateau Central des steppes [1], on ne la voit subsister un tant soit peu que dans la partie occidentale du massif, dans celle qui, précisément, conserve encore, comme l'Ante-Titteri, un certain parallélisme dans la direction de ses plis avec ceux de ce même Atlas Saharien et de ce même Plateau Central des steppes. Tandis qu'au contraire elle disparaît brusquement plus à l'Est, à cause de la multiplicité des failles et des autres accidents ; et le Titteri prend immédiatement quelques traits de ressemblance de plus avec les chaînes telliennes [2].

Mais, sans contredit, la composition lithologique n'est pas demeurée sans influence sur l'acuité revêtue par les accidents. Ceux-ci devaient fatalement se multiplier dans des grès, matière médiocrement flexible et presque incompressible, emprisonnant entre eux des marnes et

---

(1) Partie des steppes formée par un dôme très affaissé qui s'étend de la dépression du chott Chergui à celle du Hodna et de la dépression du Nahr Ouacel à cel'e des Zareg.

(2) Il faut remarquer que, plus au Sud comme plus au Nord, la direction des plis est bien plus régulière, bien plus constante, tant dans l'Atlas saharien et le Plateau central des steppes, où ils sont uniformément Sud-Ouest-Nord-Est, que dans l'Atlas tellien de la province d'Alger, où ils sont en général Est-Ouest. C'est à la limite seulement des deux zones qu'on rencontre cette inquiétude dans leur direction.

des argiles, surmontant en mêmes matières éminemment plastiques et propres à transmettre les pressions en tous sens. Ne pouvant s'étirer comme des calcaires, ni se déverser comme des schistes, ils se sont brisés. De plus, ces grès adhérent mal aux argiles qui les supportent, d'autant que, très poreux, très arrosés par les pluies, ils laissent suinter à la surface des dernières une humidité considérable qui détrempe le plan de contact. Aussi, peut-on constater en maint endroit des glissements de pans de montagnes tout entiers, soit suivant la direction primitive des pendages, soit, et plus fréquemment encore, suivant l'inclinaison nouvelle donnée aux strates par les mouvements de bascule qui les ont dérangées. Il arrive de la sorte que des monceaux de débris, ou même des quartiers de sommets, viennent s'encastrer plus ou moins profondément dans les marnes, ou bien viennent former à leur surface, au bas des ravins, de vrais barrages.

On voit ainsi se produire à l'époque des pluies, de vraies mares temporaires, des lacs minuscules. Mais ces mares ne tardent pas à se combler par les apports des eaux ruisselant sur les pentes, dont elles interrompent le cours. De cette manière ont pris naissance maintes fois, en dehors de l'action des cours d'eau proprement dits, et par le simple jeu du ruissellement, de véritables paliers d'alluvions, que l'on retrouve souvent à des centaines de mètres au-dessus du fond des vallées, et qui viennent à propos rompre l'uniformité des pentes. Le cas se présente notamment dans la haute vallée de l'*oued Aroua*, où ces terrasses forment des champs de peu de surface mais particulièrement propres à l'établissement de cultures maraîchères, à cause de leur sol meuble et à cause aussi des traces d'humidité qu'elles conservent très longtemps.

7º *Climat.* — Nous n'avons aucune série continue d'observations concernant le climat, et par suite, on ne peut en donner d'exposé rigoureux et définitif. Mais je vais tâcher d'en résumer les caractères principaux.

Ce climat participe déjà de celui des steppes voisines ; c'est-à-dire qu'il est franchement continental et présente des écarts très accentués, aussi bien en ce qui concerne la température qu'en ce qui concerne les pluies.

La première varie dans des limites très grandes, suivant les points que l'on considère, et suivant l'altitude. Mais on peut dire d'une façon générale que toute la partie centrale est beaucoup plus froide en hiver que les steppes, ou même froide, absolument parlant. La neige y couvre alors très souvent les sommets ; elle y dure peu, il est vrai, à la suite de chaque chûte, — jamais plus de vingt-quatre heures, quelquefois une nuit seulement au Taragraguet, à peine davantage au kef Lakhdar, — mais elle y tombe fréquemment et avec abondance, car, presque à chaque pluie des steppes correspond une tourmente de neige sur les sommets. Les parties basses, au contraire, comme celles qui avoisinent Bogari, jouissent en cette saison d'un climat beaucoup plus clément, quoique assez froid encore, en ce sens que les gelées y sont fréquentes pendant les nuits.

Aussi l'amandier n'y fleurit-il pas avant le mi-avril, alors que, sur le littoral, il se couvre de fleurs dès la fin, et quelquefois dès le milieu de janvier. L'iris y fleurit en février seulement, et non dès décembre. Tout à fait à la limite, certaines vallées bien abritées des vents, bien exposées au soleil, jouissent d'une température particulièrement douce ; comme par exemple la vallée d'*Aïn-Nouel*, surnommée *Cham-Ouled-Mokhtar*, la *Syrie des Ouled-Mokhtar*. On y voit fleurir de bonne heure les renoncules et les adonis, alors que les frimas sévissent encore sur les têtes, toutes voisines du *kef Elmougar* et du *Taragraguet*.

Pendant l'été les parties élevées conservent une température très fraîche ; j'ai noté des maxima de + 15° seulement à Aïn-Boucif, au mois de juin ; les moissons y sont toujours en retard, par rapport aux plaines, de vingt à vingt-cinq jours en moyenne — par exemple au Taragraguet — et même dans les parties basses, comme dans l'oued Oroua des Mfateha, le retard est encore très appréciable ; il peut être de huit à dix jours. A Aïn-Touta le harmel commençait à fleurir le 12 juin seulement, en 1904, c'est-à-dire un mois plus tard qu'à Birine, dans les Steppes.

Mais la variation diurne est grande, et c'est en cela que se révèle le caractère continental du climat. De sorte que, pendant les claires journées d'hiver où les nuits sont très froides, les heures du milieu du jour peuvent être très douces. Et, réciproquement, les nuits sont très fraîches dans les parties élevées, même pendant la canicule ; on ne saurait y dormir sans couverture de laine.

D'autres particularités sont encore communes au Titteri et aux steppes ; la faible teneur hygrométrique de l'air, qui a pour conséquence une très grande ardeur des rayons solaires ; la pureté très fréquente et le calme des nuits, l'intensité merveilleuse de l'éclat stellaire ; la faible nébulosité dans le cours de l'année, mais surtout en été ; la division de l'année en deux saisons, l'une froide, celle des pluies et des neiges, l'autre chaude, qui est aussi celle de la sécheresse. Comme dans les steppes encore, les vents dominants paraissent ceux du Nord-Ouest. Cependant la brise du Nord (*bahari*) n'est pas rare en été ; elle tempère heureusement les ardeurs du soleil. Enfin les pluies sont aussi trop souvent assez mal distribuées ; il peut arriver qu'elles manquent à l'une des deux époques où d'habitude elles tombent avec le plus d'abondance, au printemps et en automne. Alors les récoltes en souffrent. En certaines années au contraire, elles tombent avec une si grande abondance qu'elles empêchent ou entravent les labours. En 1904, il fut impossible de semer des céréales en maint endroit faute d'avoir pu labourer, par excès de pluies ; au Taragraguet on ne put planter les fèves. Mais c'est là fait assez rare, ou tout au moins qui n'a chance de se produire, avec une fréquence bien relative, que dans les parties très élevées.

Mais si certains de ces traits sont communs avec les steppes, cependant il faut aujouter, pour être juste, que la nébulosité, tout en étant faible, y est bien plus considérable ; que les vents y sont moins insupportables, en général, parce que, sauf près des sommets, il est plus facile de s'en abriter ; que le sirocco y fait des ravages moins fréquents et moins terribles, quoique encore souvent trop graves ; enfin que, tout en étant souvent mal distribuées, quelquefois précaires, les pluies y sont cependant beaucoup plus abondantes et les sécheresses absolues très rares.

Il faudrait d'ailleurs, à cet égard comme à tous les autres, établir des différences suivant les parties du Titteri que l'on considère. Si le Titteri occidental, celui des environs de Bogari, peu élevé, souffre encore trop souvent de la sécheresse et de l'haleine des vents brûlants du Sud, en revanche il semble pleuvoir toujours abondamment du côté d'Aïne-Boucif, de Chellala, des Adaoura, c'est-à-dire dans les parties de plus ou moins grande altitude, où la température ne s'élève jamais beaucoup. Et, par là, c'est l'excès des pluies de l'hiver, plutôt que la sécheresse, qui serait à redouter. Près de certains sommets le vent du Nord et celui du Nord-Ouest deviennent presque un fléau A Aïne-Boucif ces vents gênent la croissance des arbres, font tomber leurs fleurs au printemps, leurs fruits en automme ; il les tordent vers le Sud-Est et les empêchent d'acquérir tout leur développement.

La division du Titteri en crêtes alignées, étroites, en sommets isolés, en vallées profondes, détermine ainsi dans sa climatologie des différences nombreuses. Sur une carte de détail, chaque sommet représenterait un pôle de froid, un centre d'attraction pour les précipitations atmosphériques ; aux cîmes, aux crêtes principales correspondraient des taches, des raies, indiquant le séjour de la neige en hiver et sa fréquence pendant cette saison. Mais les caractères généraux demeurent vrais ; ils se résument en peu de mots : climat continental déjà, avec chaleurs tempérées en été, froids assez grands en *hiver* ; pluies générales suffisantes ou même abondantes. Régime dominant des vents du Nord-Ouest ; nébulosité annuelle faible ; nébulosité estivale très faible.

Si nous comparons maintenant le Titteri aux régions voisines, nous verrons qu'il forme l'intermédiaire au point de vue climatérique, entre les régions très montagneuses, comme Bogar, Taza, Teniet-el-Haâd, Berrouaghia, Aumale, froides et pluvieuses, et les régions basses et planes, Steppes ou Hodna, où les chaleurs de l'été sont torrides et où la sécheresse sévit avec persistance. Son climat est plus régulier, plus pluvieux, plus favorable à la culture que celui de la plaine des Beni-Slimann qui s'étend non loin de là, un peu plus au Nord, mais il l'est moins que celui du plateau de Médéa, qui n'en est pas bien éloigné non plus. Toutefois certaines parties élevées peuvent rivaliser avec les endroits les plus favorisés de ce dernier.

Le climat du Titteri est très sain. Les fièvres paludéennes y sont inconnues ; on n'y signale aucune maladie endémique. Aussi les cas de longévité sont-ils nombreux ; on en cite de remarquable dans les Ouled-Alane.

La végétation. — L'état de la végétation sur les montagnes du Titteri domine la question de l'hydrologie, car tandis qu'elle dépend directement du climat, la réaction qu'elle éprouve de la part des eaux courantes est bien faible. Aussi crois-je préférable d'en parler d'abord.

Quelques restes de forêts subsistent dans l'Ouest ; ils sont peuplés de pins d'alep, mélangés de quelques genévriers de phénicie, puis de thuya et d'oxycèdres beaucoup plus rares. Ces boisements commencent à un peu moins de 3 kilomètres à l'Est du qçar Bogari, vers la côte 880, et se poursuivent jusqu'auprès du kef Djéhaïfa.

Mais ils venaient autrefois jusqu'auprès des dernières maisons du qçar, et couvraient un espace bien plus considérable qu'aujourd'hui. Morcelés, clairsemés, ils sont dans un état de décrépitude absolue, en voie de dépérissement évident.

Leur disparition complète, que l'on peut prévoir pour une époque très prochaine, n'est cependant pas, je crois, l'œuvre du climat ; car on rencontre de jeunes sujets, les graines tombées à terre germent fort bien ; et nul doute que la forêt ne puisse se reformer de ce côté sur les crêtes — au moins au-dessus de 850 à 900 mètres, car, plus bas, peut-être faudrait-il faire des réserves — sans les ravages continuels exercés par les indigènes. Ceux-ci abattent sans pitié les arbres pour en vendre le bois au qçar ou au village de Boghari ; de plus ils écorcent les troncs pour se procurer des écorces à tan, et, de la sorte, les font sécher sur pied. Enfin les troupeaux de chèvres sont constamment à paître dans ces restes de forêts, détruisant la broussaille qui pourrait faciliter la germination des graines et la croissance des jeunes puis en maintenant sur le rocher une couche suffisante de terre végétale. La surveillance forestière est d'ailleurs impuissante à réprimer les abus qui se perpétuent journalement, car ils s'exercent sur un vaste espace, en des centaines de lieux à la fois.

L'extrémité occidentale du *Kef Fegnouna*, qui domine Moudje-beur et l'oued Elhakoum, porte aussi des restes de boisements de même nature. Ils descendent jusqu'à la côte 750 environ, à cause de leur exposition au Nord. Ils sont tout aussi menacés. C'est que l'isolement de ces groupes forestiers les expose doublement.

Quelques chênes verts, simples broussailles, forment une petite colonie autour de Djehaifa, sur les sommets voisins duquel des pieds se montrent timidement çà-et-là. La même essence se retrouve sur le sommet et sur le flanc Nord du Kef Lakdar ; elle y forme une brousse étendue, mêlée au chêne kermès. Cet embryon de forêt a été soumis depuis quelques années à la surveillance d'un garde indigène nommé par le bureau arabe de Boghar et agissant au nom de celui-ci. Il semble, grâce à cette précaution, être en voie de progrès. D'autre part un commencement de restauration s'était déjà produit dans le territoire des *Ouled Abd Elqader*, qui spontanément, s'étaient entendus pour ne point exercer de dépaissance dans les endroits embroussaillés.

Avec quelques pieds de genévriers épars, que l'on rencontre de loin en loin sur *Taragraguet,* sur le *Kef Mongar*, sur *Djehaifa*, c'est là tout ce qui reste des bois qui, au dire des indigènes, ont autrefois couvert tout le Titteri. La tradition rapporte en effet qu'au milieu du XVIe siècle, à l'époque où vivait le fameux marabout *Si Mohammed Ould Elbokhari*, les environs d'*Aine-Tleta*, aujourd'hui parfaitement dénudés (entre 900 et 1.000 mètres d'altitude), étaient couverts de forêts peuplées de grands fauves. Certains arbres, épargnés par les indigènes, qui leur attribuent un caractère sacré, restent comme témoins de l'ancienne extension des forêts et justifient les données de la tradition. On en trouve quelques beaux spécimens au-dessus d'*Aïne-Bèrda,* dans le *Chaab Eddokara,* près de *Djehaïfa* ; quelques-uns aussi sur le pliocène de *Chaab Hannacha,* à *Gaada bel Firène.* Ce sont des genévriers oxycèdres isolés et de grande taille.

A une époque plus récente, il y a seulement une ou deux générations, il y avait encore beaucoup de pistachiers sur le *Kef Elgattar* d'*Aïne Sba,* dans le *Gourine des Zenakhra* (Ante-Titteri) et sur le

Kef Afoul des Adaoura, de même que sur les hauteurs de la partie méridionale des *Ouled Maarreuf* (Titteri central). De tout cela il ne reste à peu près que le souvenir ; on ne trouve plus des térébinthes que sur la nappe pliocène du *Chaab Hannacha* ; ces arbres sont en très petit nombre et peu florissants. Remarquons en passant que l'abondance, anciennement, de cette essence, en certains lieux, tendrait à faire croire que, déjà, le climat convenait à cet arbre qui demande une température clémente, peu d'humidité, et qui se complaît dans les steppes, plutôt qu'à la vraie forêt. D'ailleurs la spécialisation bien nette des espèces forestières suivant l'altitude indique l'étroite dépendance où la végétation arborescente se trouve dans le Titteri par rapport au climat. Il est clair que tous les endroits de celui-ci ne sauraient lui convenir au même degré. De sorte que, dans les parties basses, le recul de la forêt a pu commencer sous l'influence du climat ; et la main de l'homme n'aurait fait qu'y aider à la nature, en donnant au mal une extension qu'il n'aurait de longtemps pu atteindre livré à ses propres forces.

La broussaille elle même est rare dans le Titteri ; rares aussi les peuplements d'herbes vivaces formant au sol un manteau véritable. L'une et l'autre souffrent en effet du même mal que la forêt. Les indigènes les utilisent comme combustible, à défaut de bois. Ceux qui sont trop éloignés de la forêt pour venir s'y pourvoir brûlent tout ce qu'ils trouvent, jusqu'aux herbes comme le sennar (lygœum spartum), les tiges sèches de férule, l'armoise. Ils souffrent encore d'une dépaissance immodérée, mal réglée ; puis de l'extension sans cesse croissante des cultures. On brûle, pour établir celles-ci, souvent des centaines d'hectares à la fois de plantes vivaces, qui disparaissent à tout jamais ; et ce n'est pas toujours, malheureusement, dans des endroits bien choisis qu'on cherche de nouvelles terres de labours ; c'est trop souvent sur quelque pente rocheuse où la végétation maintenait seule un peu de terre végétale et protégeait la montagne contre l'érosion.

La brousse s'étend parmi les arbres, dans les restes de la forêt des Mfateha, du Kef Fegnouna, à leurs alentours. Mais elle forme sur le sol un léger couvert, plutôt qu'un vrai fourré ; la circulation reste facile entre les arbres espacés, et jamais les plantes arborescentes n'atteignent une grande hauteur. Ce sont des lavandes, des romarins, avec quelques cistes et quelques pieds d'alfa, des lentisques. Il en est de même au Kef Lakhdar, où l'altitude plus grande permet en outre à certaines autres plantes de prospérer, comme à la clématite, à la ronce — qu'on trouve aussi d'ailleurs au Taragraguet et au Chaab

Hannacha, — au chèvrefeuille, au lentisque, à l'aristoloche, au phyllirea.

Puis ce sont des graminées de grande taille ; le diss (*ampélodismos tenax*), celle de ces graminées qui est franchement tellienne, se montre au Kef ben Haoua, à ses abords, sur le Kef Lakhdar, le Taragraguet, formant, en un mot, de petits peuplements sur tous les points élevés ; tandis qu'un peu d'alfa subsiste çà et là sur les rochers des Hannacha, qui, jadis, en étaient entièrement couverts, de même que le Taragraguet. Il y en a quelque peu aussi sur ceux des parties élevés des Ouled Alane, dans le Titteri central. Ce sont, sous ce méridien, les peuplements les plus septentrionaux que je connaisse.

L'armoise blanche existe dans quelques vallées caillouteuses bien abritées ; elle couvre d'assez grandes surfaces du côté d'*Aïn-Touta*. Mais déjà nous sommes à la bordure des steppes. — Une autre graminée, voisine de l'alfa, mais plus petite, le sennar, se trouve en grande abondance sur quelques terrains sableux et notamment dans les parties très basses à la limite méridionale du massif ; enfin des tamarins, des salsolacées, et notamment des touffes d'arroche, abondent dans les parties les plus basses des vallées, vers la périphérie. — On y trouve aussi le jujubier qui pénètre quelquefois dans les parties peu froides de la montagne elle même, le harmel.

Il convient de signaler enfin l'existence de quelques oliviers et de quelques figuiers sauvages, assez rares, celle de quelques peupliers auprès de certaines sources. L'un d'eux donne son nom à l'*Aïn-Safsaf* des Hannacha. D'autre se voient encore çà et là ; ce sont des peupliers blancs, non fastigiés. Je parle bien entendu des arbres très anciens, de grande taille, qui semblent spontanés, et non de ceux qui ont été depuis quelques années plantés par les indigènes.

Il existe d'autre part quelques muriers excessivement vieux, très décrépits, à *Aïn-Touta*, qui leur doit son nom. Ils poussent au milieu de ruines romaines, et les indigènes prétendent qu'ils en sont contemporains. Il n'est pas absolument impossible qu'ils soient au moins les rejetons de ceux que les Romains avaient importés et que Berbères chrétiens purent continuer à cultiver jusqu'à l'époque de l'invasion arabe ; car depuis lors, il ne semble pas qu'aucune culture de vergers ayant motivé l'introduction de cet arbre, qu'aucun établissement sédentaire ait put subsister dans le bas Titteri.

Des plantes de moindre taille, ou de celles qui, groupées de façon moins dense, attirent moins l'attention, je dirai peu de chose Dans l'ensemble, la flore du Titteri est celle des parties tempérées de la région méditerranéenne, comme la mention, précédemment faite, de quelques espèces a pu déjà le faire reconnaître. Mais elle est spécifiquement pauvre ; peu d'espèces se trouvent généralement réunies dans un même canton, et le catalogue complet qu'on pourrait en dresser, n'acquiérerait une certaine extension que grâce aux nuances notables introduites dans l'ensemble par les variations continuelles de l'altitude, de la nature du sol et de l'exposition au soleil ou aux vents. La flore du Titteri appartient donc à plusieurs zones botaniques différentes, et se présente encore à nous avec une constitution sporadique.

Car, tandis que le Kef Lakhdar porte des plantes du littoral de la Méditerranée, ou même des espèces des montagnes du Midi de la France ; tandis que le lyceum existe en abondance autour d'*Ain-Boucif*, et que la ronce y est spontanée, que les renoncules émaillent de leurs jolies fleurs les abords de toutes les sources, comme en France ; l'armoise blanche, plante des steppes de l'Atlantique ou Turkestan, le thapsia, l'asphodèle acaule apparaissent au contraire dans les parties méridionales et basses, en même temps qu'une crucifère à fleurs violettes, à feuilles semi-charnues, le *bejjir* (Moricandia fruticosa) extrêmement abondante sur les plateaux constantinois et dans tout le plateau saharien du Tadmaït, ainsi que sur les bords de l'oued Jedi. Ces antithèses, qui marquent si bien le caractère transitoire du pays, peuvent encore s'accentuer. C'est ainsi que l'alfa et le diss, appartenant à des zones botaniques très différentes co-existent sur le Taragragnet. On y trouve en même temps le bupleurum spinossissimum, plante basse, coriace, épineuse, caractéristique des lieux arides et rocheux des plateaux et du Sahara ; puis d'abondants saxifrages, plante des hauts sommets d'Algérie.

L'effet de la variation dans la nature du sol est aussi prompt, aussi décisif ; on peut observer, en des points très voisins, dans les terres sableuses qui recouvrent les grés, de grands peuplements de sennar' tandis qu'à côté, sur les argiles, s'étendent de vrais tapis de convolvulus tricolor, l'un des plus beaux liserons que je connaisse, ou de bouquets de glaieuls byzantins, en prodigieuse quantité.

Avant de terminer les généralités relative à la flore, il est encore deux points sur lesquels je crois bon d'attirer l'attention. C'est, d'une part, le groupement bien net des végétaux en colonies composées d'un très petit nombre d'espèces, ou même d'une espèce unique qui règne sur un espace donné presque à l'exclusion de toute autre ; on marchera, par exemple, pendant longtemps, sur un sol couvert presque uniquement de renoncules naines, pour passer tout d'un coup, et sans transition, sur des tapis de silènes ou bien des manteaux de saxifrages. Et c'est là un caractère commun avec les steppes, avec tous les plateaux, avec les déserts, où la flore est pauvre ; il dénote déjà une certaine pauvreté physiologique du pays, qui n'est plus apte à produire que certains organismes et dans des conditions étroitement limitées.— D'autre part, il faut signaler encore l'extrême abondance des plantes odorantes, — telle que la Mathiola tristis, l'Héliotrope d'Europe, certaines armoises, des ononis, les convolvulus tricolor, beaucoup d'autres encore — et l'acuité de leurs parfums. Il arrive fréquemment, au printemps, au commencement de l'été, dès que les premières chaleurs se font sentir, que des brises embaumées parcourent les montagnes, tellement pénétrantes, tellement suaves en même temps, qu'on se croirait au milieu de parterres établis à grands frais ; impression qu'augmente encore l'admirable aspect du tapis nuancé de mille fleurs diverses, groupées par taches bien définies, qui s'étend partout, harmonieusement nuancée des teintes les plus fraîches. Je n'ai jamais remarqué cette particularité dans les régions humides du littoral ; elle est fréquente au contraire dans les montagnes éloignées de la mer et passablement sèches, dans les steppes, dans le Sahara, au moment où la végétation annuelle s'y développe. Il convient d'en tenir compte, puisqu'elle est de nature à donner déjà, par comparaison, des indications utiles sur les affinités climatériques d'un pays.

Quoique je n'ai pas l'intention de faire ici de la géographie botanique du Titteri un exposé complet, je ne crois cependant pas pouvoir passer sous silence certaines plantes bien caractéristiques, et qui ne manquent jamais d'attirer l'attention par leur forme. leur abondance ou leur beauté, ou celles encore qui marquent plus particulièrement les affinités organiques. C'est la grande asphodèle, partout abondamment répandue, la scille maritime, l'asperge sauvage, le genêt épineux, le narcisse à fleur blanche ou jaune ; un petit rumex carminé qui, mêlé à des graminées légères, donne à certaines vallées sèches une teinte roussâtre d'un bien singulier effet ; les grandes férules dans les lieux frais, hautes de deux mètres parfois ; les scolymes d'Espagne aux grosses têtes jaunes, qui tranchent si heureusement sur le violet pâle de certaines crucifères, de grands chardons ailés dont les tiges atteignent parfois plus d'un mètre cinquante de hauteur et qui, demeurées sèches en été, seules dans la nudité fauve du pays, finissent par devenir un des éléments du paysage ; les magnifiques glaieuls écarlates dans les terres fortes, les eryngiums épineux, au feuillage bleu, le laurier rose dont les touffes ornementales font, au printemps, aux ravins encaissés dans les murailles rocheuses, un merveilleux décor ; les bouquets de tamarix dans les alluvions de l'Oued Elhakoun, de la plaine des Oueds

Mokhtar, de l'Oued Leham ; partout les grands chrysanthèmes blancs et or, les adonis cramoisis ; enfin, et surtout, l'artichaut sauvagee, dont le Titteri est une des terres d'élection. Cette plante y existe en telle abondance, sur les pentes argileuses, qu'elle les recouvre presque entièrement parfois de ses grandes feuilles tombantes, d'un vert pàle et cendré, si élégamment découpées. Les indigènes, qui l'appellent *Khorchef*, sont friands de ses capitules floraux et de ses pétioles charnus, au goût très délicat. Ils disent aussi, avec raison, que l'artichaut pousse seulement dans les terres fertiles et qui conviennent à la culture des céréales. Il est de fait qu'il est particulièrement commun dans les régions du Tell qui produisent les plus beaux blés, à Tiaret, à Téniet, à Médéa. Le Titteri marque la limite de son extension vers le Sud ; au-delà, dans les steppes, on en chercherait vainement un pied. [1]

------

[1] Parmi les plantes que l'on rencontre encore dans le Titteri on peut signaler comme particulièrement abondantes.

Un peu partout dans les terres argileuses. des profusions de carottes et d'ombellifères leur ressemblant, de haute taille ; de prodigieuses quantités de fenouil, qui donne à des vallées entières, au mois de juillet. une teinte jaune soufre , les chicorées aux jolies fleurs bleues, le Fedia Caput-bovis Pom, la petite centaurée, la talrouda (diverses espèces de bunium), divers grands Verbascums, surtout le pulvérulent, le Carthamus cœrulœus, de grands chardons décoratifs comme le *Feriès* (Onopordon macracanthus, Schousb) ; les soucis jaunes et oranges aux fleurs si ornementales ; de petites liliacées comme le *Zidedoum* (Gagea reticulata, Coss.) ; diverses espèces de Xiphium, et l'Iris sisyrrinchium ; de grands Rumex ; de Magnifiques Tulipe Celsiana, dignes de figurer dans des parterres , enfin le coquelicot, le Papaver hybridum, la glaucière rouge. Sur les rochers on trouve des thyms, Thymus Fontanesi, Th. inodorus, et la Rue de Montagne.

Dans les terres sableuses et légères on trouve l'Anemone palmata, les Erodium, les Géraniums du Tell, l'Artemisia atlantica, appelé *djoufet* par les indigènes comme l'Artemisia campestris des steppes ; le Chrysanthemum Myconis, des cypéracées naines, des Lotus, des renoncules à feuilles de graminées, la colchique en automne et jusqu'en décembre ; la menthe à feuilles rondes partout au bord des eaux, avec le magramen (*Inula viscosa*) ; une renoncule naine que les Arabes appellent *bouibicha*.

Dans les parties élévées il faut citer le Catananche cœrulœa, sur les rochers des Daucus, des grands Echium, la Vipérine, fréquente sur les calcaires. le Phlomis herbaventi, la Salvia Sclarœa, des Fumeterres et des Saxifrages de petite taille saxicoles ; une grand ombellifère succulente, à odeur d'angélique, le *Hayyar* (Smyrnium olusatrum L.). très abondante à Alger et sur le littoral. qui pousse ici au pied des rochers, dans les lieux ombragés ; sur quelques rocheuses le *farrag ayélou* (Rhamnus lycioides L.) ; le Garou (Ar. *Lazzaz).*

Au contraire dans les parties basses. près de la périphérie, la mauve d'Egypte, l'Hypecoum procumbens, de petits cistes, des hélianthèmes nains, un joli lin à fleur rouge, très abondant parfois (Linum austriacum L.) ; une

Quelques prairies permanentes de graminées existent ça et là aux abords de certaines sources ; le guezmir, sorte de chiendent, le medhoun, sorte de triticum, y abondent. Ce sont d'excellents fourrages. Sur les bords de ces prairies on trouve, ainsi que dans les champs de céréales, souvent à profusion, une avoine sauvage qui murit à peu près en même temps que l'orge (vers le 15 mai dans les parties chaudes), si belle, au grain si gros, qu'on la croirait semée de main d'homme. Ces prairies sont parfois gâtées par de grands aïls, appelés korrath dans le pays, par l'aïl triquètre ou par de grands muscaris, comme par exemple à *Merjet-Elleurk*, au pied du Kef Lakhdar. Elles sont en général très exiguës ; presque toujours elles recouvrent une terre noire, friable comme de la cendre, due, soit aux débris, accumulés par le temps, d'une ancienne flore de marécages, soit à des boues produites par la fonte des neiges, et peut-être concurremment à l'une et à l'autre cause. Il est à remarquer qu'elles peuvent se trouver à des altitudes considérables, dans les vallonnements insignifiants, sur des sortes de plateaux, comme à *Ben-Hanoua*, à la tête de *Chaab-Eddokkara*, un peu à l'Est de Bogari. Mais on en trouve aussi de fort étendues dans la partie centrale de la montagne, notamment aux alentours du Kef Lakhdar, cette inépuisable source de richesse pour tout ce qui l'entoure. Ainsi *Merjet Etteurk*, à son pied Sud, se prolonge sur 10 kilomètres de long, à peu près ; puis la prairie de la vallée de l'*Oued Elhammam*, au Nord du Kef, au-dessous d'*Harmela*, qui a 8 à 9 kilomètres de longueur ; telles encore celles qui couvrent les pentes argileuses au-dessous d'*Aïn-Béreda*, près d'Aïn-Boucif, et celles des environs immédiat de Chellala des Adaoura, toutes sont sillonnées d'eaux vives, bordées de joncs, quelquefois de macettes et de roseaux.

Aux abords de Saneg, de Moudjebeur, du Tléta des Douaïrs, du Had des Rebaïa, des prairies temporaires où dominent les silènes, les graminées, avec quelques luzernes et trèfles sauvages, quelques sainfoins et vesces, recouvrent au printemps les plaines d'alluvions peu anciennes. A Moudjebeur l'herbe atteint parfois 40 centimètres de hauteur. De même, à l'abri des rochers de *Kifane Elmehalla*, de *Kifane Elhammam*, où le sable produit par la décomposition des

---

belle asperule à fleur rose sur les calcaires (Asperula aristata, L. fils), et sur ceux-ci encore des ononis jaunes, très odorantes.

Le garou se montre seulement au-dessus de 100 ou 1200 mètres, suivant l'exposition et le terrain ; c'est à cette altitude aussi que paraissent les grands saxifrages. Au kef Lakhdar, station que son altitude rend légèrement différente des autres, on trouve encore de grands iris jaunes qui fleurissent en juin, de grands cistes à fleurs roses, très belles.

grès a pu s'accumuler à l'aise, naissent à la même époque des prairies sèches, où dominent les légumineuses, trèfles, luzernes, sainfoins, les plantains et les graminées.

Mais ce sont là des pâturages sans durée. Née comme toute la végétation non vivace, lors des ondées de la fin de l'hiver, leur verdure égaye les pentes de la montagne ou le creux des ravins, pendant le cours rapide du printemps. Puis, dès les premières ardeurs de l'été, tout se dessèche. Il ne reste, hors des quelques boisements signalés au début de ce paragraphe, que le manteau des graminées coriaces, comme l'alfa, sur certains points bien rares ; tandis qu'ailleurs s'étendent à perte de vue des entassements de rochers stériles ou des nappes d'argile calcinées et fendillées. Et c'est seulement lors des pluies de l'automne que cette terre endormie se réveille pour enfanter à nouveau.

Le rôle vraiment important est joué, dans la question pastorale, par des végétaux plus humbles et qui passent facilement inaperçus ; ce sont des plantes épineuses, poussant à ras de terre, entre les rocailles, même sur les hauts sommets, comme la *kennouda* (atractylis cœspitosa Desf.) qui résiste au soleil le plus ardent ; des plantes au feuillage grêle et qui semble desséché en été, comme l'armoise blanche et l'armoise atlantique ; mais surtout le *plantago albicans*, *Lehna* en Arabe, plante naine, dont les minuscules feuilles soyeuses et argentées, si menues qu'on les remarque à peine, forment au sol, en certains endroits rebelles à toute autre végétation, un véritable feutrage, et subviennent seules à la nourriture de nombreux troupeaux.

Signalons enfin, un fait assez curieux. Les terrasses pliocènes ou celles du quaternaire ancien des environs de Chellala des Adaoura et de l'oued Maamoura, celles qui règnent au Sud-Ouest du Kef Lakhdar, portent en abondance une plante de petite taille, vivace, épineuse, l'*astragalus gombo,* nommé *keddad* en arabe ; cette espèce forme une colonie étroite, exactement limitée aux terrasses calcaires et rocailleuses des bords de la vallée, se reliant d'une part aux peuplements extrêmement abondants qui forment une grande zone à la bordure septentrionale du Hodna sur les mêmes terrains se prolongeant de l'autre, toujours à la faveur des dépôts pliocènes, jusqu'aux environs de Berrouaghia. C'est en quelque sorte comme une tentacule de la flore du Hodna pénétrant en plein Tell.

Quant à la flore des végétaux inférieurs, elle reste malheureusement très peu connue. Nul doute que son étude ne puisse donner des renseignements intéressants. En général elle semble assez pauvre, au moins si l'on s'en tient à un examen superficiel ; mais ceci provient peut-être seulement de ce qu'elle compte peu d'échantillons de grande taille, capables d'attirer l'attention. Il est au moins certain que les mousses sont rares ; quant aux lichens, plus fréquents, ce sont surtout les espèces terricoles qui dominent, et il ne semble pas que ce soient exactement les mêmes que celles du littoral. Quelques-unes sont remarquables par la vivacité de leurs teintes, roses, jaune soufre ou lie de vin, mais la plupart sont d'une couleur grise et terne. Quelques lichens sont aussi remarquables par le rôle qu'ils jouent dans la décomposition des roches. Ils poussent en grandes plaques, ayant la forme de fer à cheval, sur les dalles de grès horizontales ou peu inclinées, groupés par trois ou quatre, suivant des arcs de cercle qui se coupent ; quand ils disparaissent, détruits par l'excès de chaleur ou par je ne sais quelle cause, ils laissent dans la pierre de profondes cicatrices semi-circulaires, quelquefois très grandes et profondes de plusieurs milimètres, ressemblant à une marque de pied de cheval. De là sans doute ces légendes répandues dans le pays, de coups de pied du cheval d'un marabout quelconque, en général Sidi Abd Allah, s'étant miraculeusement imprimés dans la pierre.

Les eaux. — Dans le Titteri, le lit principal, et presque unique, des eaux souterraines, se trouve à la base des grès, au-dessus des argiles à huîtres. Très constant, il est malheureusement morcelé par les failles qui affectent le terrain, par les ablations dues à l'érosion, en une grande quantité de nappes. Celles-ci sont naturellement d'une importance en relation avec celle de la montagne à laquelle elles correspondent ; les grès sont quelquefois à peine imbibés, et dans ce cas, les sources sont de très faible débit, se réduisant parfois à de simples suintements ; telles sont celles que l'on nomme communément dans le pays *Ain-Gattara.*

D'autres fois, au contraire, les grès, dans les montagnes élevées, d'une grande masse, bien arrosées par les pluies, sont imbibées sur une grande hauteur, sur une grande surface, et il en résulte des nappes abondantes. C'est ainsi qu'on trouve un certain nombre de magnifiques sources : *Chellata des Adaoura, Aïn-Boucif* (5 l. par sec. le 5 mai 1858, Ville), *Aïn-Elhammam, Aïn-Tleta, Saneg, Moudjebeur* (0 l. 70 par sec, le 16 mai 1858, Ville).

Si ces grandes sources ne sont pas très nombreuses, en revanche les autres, petites et moyennes, abondent. De sorte que le Titteri est une région très suffisamment pourvue d'eaux potables pour sa population. Et l'excédent fournit matière à des irrigations localement peu étendues, mais importante dans l'ensemble.

Toutes ces sources sont pérennes. Leur débit est seulement en relation intime avec le régime des pluies et se ressent très vite d'une modification quelconque de celui-ci, comme cela se conçoit dans un pays dénudé, où l'absorption par des roches aussi poreuses que les grés se fait très vite, mais très vite aussi leur égouttement. C'est ainsi qu'en 1899, au printemps, après un hiver pluvieux, toutes les sources avaient augmenté au point quelquefois de doubler ou de tripler presque leur débit. Néanmoins, on n'a pas à craindre de les voir taris complètement, même dans les années de sécheresse. Il est un minimum qu'on ne leur a jamais vu dépasser.

La plupart des sources du Titteri, même parmi les plus importantes, comme celles de Saneg, d'Aïn-Boucif, de Chellala, jaillissent au pied des escarpement rocheux, c'est-à-dire qu'elles semblent provenir de nappes qui s'écoulent en sens contraire des couches. Lorsqu'elles sortent de bancs que l'on voit plonger ensuite et qu'on peut supposer se prolonger sous d'autres formations pour se relever plus loin en dessinant dans l'intervalle quelque synchinal, il n'y a pas lieu d'en être surpris. Mais lorsque le fait se produit au pied de crètes ou de sommets dont les couches ne se prolongent pas en profondeur, du côté du pendage, mais s'interrompent au contraire brusquement de ce côté, aussi bien que de l'autre, on est alors conduit à penser que, au pied de leur talus, les grès sont encastrés dans les marnes ou bien viennent butter contre elles par suite de quelque diaclase. Car il serait plus naturel, sans cela, de les voir jaillir de ce côté, ce qui ne se produit presque jamais. Le contact n'est donc pas normal probablement. Cette hypothèse concourt à faire comprendre encore pourquoi le débit des sources varie rapidement en même temps que l'abondance ou la pénurie des pluies, suivant de très près les variations de celle-ci. Si les grès s'interrompent brusquement du côté du pendage, il ne saurait y avoir de réservoir d'une très grande capacité ; ce qui a pour effet immédiat de rendre très vite sensibles les variations de leur niveau.

Si nous passons maintenant à l'examen des eaux superficielles, nous trouverons que le Titteri forme un centre important de dirimation ; car de ses flancs descendent à la fois des torrents appartenant au versant méditerranéen et au versant continental nord-africain. L'*Oued-Elhakoum*, né aux abords de Taragraguet sous le nom d'oued *Scrouane*, l'*oued Nouel*, né près de Djehaifa, l'*oued Melah*, né près des Kifane Elhammam, vont au *Chélif* ; du kef Lakhdar descendent l'*oued Elhammam*, affluent de l'*Isser*, et l'*oued Tafraout* tête de ce dernier. Du *kef Lakhdar* encore descendent l'*oued Mesfaia* ; c'est un affluent de l'*oued Elleham* comme l'*oued Sbisseb* et ses

branches supérieures, l'*oued Besbéssi*, l'*oued Guetfa*, l'*oued Fkirine*,
qui viennent de la lisière sud-est des montagnes ; enfin l'*oued Bou-
Guezzoul*, l'*oued Elhabil*, l'*oued Sidi Ali ben Malek*, venus du sud-
ouest du Titteri, vont tomber dans les Dayas de Bou Guezzoul.
Ainsi donc le massif appartient.à quatre bassins différents, dont trois
de grande superficie : *bassin du Chélif, bassin de l'Isser*, bassin
côtier étendu ; *bassin de l'oued Leham (Hodna)* ; enfin *bassins des
Dayas de Bou-Guezzoul*. Il forme la tête des grandes artères de
deux d'entre eux, ceux de l'Isser et de l'oued Leham. Ce dernier
est l'un des deux grands tributaires du Hodna. Et cependant il n'y a
presque pas d'eaux courantes dans le Titteri, pas une seule rivière
véritable. Le massif n'envoie aux steppes aucun cours d'eau digne
de ce nom, rien que des torrents ; et ceux qui en sortent pour che-
miner dans le Tell doivent leur importance relative surtout aux tri-
buts qu'ils reçoivent d'autres régions montagneuses. C'est en particulier le cas de l'Isser, alimenté surtout par les eaux de la chaîne
d'Aumale.

En hiver, il vrai, la plupart des thalwegs sont parcourus par des
filets d'eau, qui souvent tombent en cascatelles au milieu des rochers,
remplissent de larges vasques de pierre très profondes ou bien
dévalent en murmurant les pentes argileuses,-pour former à chaque
instant de petits bassins sur les paliers qui rompent leur cours.
Mais il n'en est plus de même en été, car, si abondantes soient-
elles, les sources ne donnent presque jamais naissance à des ruisseaux permanents. Elles forment tout au plus des ruisselets d'un
faible débit qui ne tardent pas à être absorbés par les alluvions
qu'ils traversent ou bien épuisés par les irrigations auxquelles on
les fait servir, après un cours insignifiant. Il y a cependant quelques
exceptions. Ainsi l'*oued Melah*, tête de l'oued Sidi Ali ben Malek,
qui atteint la plaine, à l'époque de l'étiage, sous forme d'un mince
filet d'eau. Il se dessèche alors. L'hiver, son volume augmente sen-
siblement ; Ville trouva en mai 1858 que son débit était de 5 litres
par seconde, un peu en amont de sa sortie des montagnes, et que
dans la plaine il était complètement à sec.

On pourrait citer encore l'*Oued Guefzile*, où se trouve un filet
d'eau jusqu'à son débouché dans les steppes, même en plein cœur
de l'été ; l'*Oued-Doufana*, suite de l'Oued Nouel, dans les mêmes
conditions ; l'*Oued Harmela*, l'*Oued Tafraout*, l'*Oued Oroua*, qui
conservent un peu d'eau même en été, puis l'*Oued Merjat Elteurk*
et l'*Oued Elhammam*, au pied du Kef Lakhdar ; mais ce sont des
ruisseaux de très faible débit. Seul l'*Oued Elhakoum* roule toujours

assez d'eau dans sa partie basse ; mais cette eau vient surtout des montagnes de Berrouaghia et du Mont Gorno.

A ces demi exceptions près, le régime des cours d'eau, ou mieux, des oued du Titteri, est donc purement torrentiel, mais, comme toujours en ce cas, soumis à des variations brusques et considérables. Pas une goutte d'eau dans leur lit en été, peu ou point en hiver, sauf tant qu'il pleut ; mais par les orages violents, en n'importe quelle saison, des flots furieux les inondent, causant de fréquents accidents. Il est alors absolument inutile d'essayer de les traverser et on ne peut s'y risquer sans courir les plus graves dangers ; le plus petit ravin peut devenir en ce cas, pendant quelques heures, une barrière infranchissable, et la seule ressource est d'attendre que la crue, généralement aussi courte que subite, soit terminée. Le volume des eaux que roulent alors des ravins, que l'on pourrait au premier abord croire insignifiants, est énorme. L'Oued Sidi Ali ben Malek jette, pendant ses crues, ses eaux boueuses jusqu'à la *Daya Firaniya*, à trente kilomètres du pied des montagnes dont il ne réussit pas à sortir en d'autres temps, couvrant la plaine de ses alluvions limoneuses qui la rendent impraticable.

Ce régime torrentiel n'a pas lieu de nous surprendre, étant donnée la nudité des flancs du Titteri. Il ne devait pas en être de même autrefois, alors que les bois les couvraient en grande partie. Cela peut se déduire de la logique des choses et de l'examen de deux faits. D'abord, la présence de lambeaux d'alluvions qui se présentent presque partout dans les vallées, même les plus petites. Les plus anciennes, disposées sur leurs flancs, en terrasses plus ou moins élevées et plus ou moins étendues, témoignent de l'importance au moins relative des cours d'eau qui les ont déposées. Elles ont ensuite été ravinées fortement, puis, dans leurs ravinements, se sont déposées d'autres alluvions, à des niveaux différents ; les dernières paraissent très récentes. En second lieu on doit remarquer que les seules eaux courantes et pérennes viennent de montagnes qui portent des restes de boisements ; c'est Fegnouna, avec les sources de Moudjebeur et une partie de celles de l'Oued Oroua ; le subplateau des Hannacha, avec d'autres sources de l'Oued Oroua, avec celles de l'Oued Nouel ; mais surtout le kef Lakhdar autour duquel suintent constamment, en toute saison, des filets d'eau qui viennent former des ruisseaux permanents, comme l'Oued Elhammam, l'Oued Tafraout, l'Oued Merjat Etteurk. Il est intéressant de constater ainsi, une fois de plus, l'influence bien évidente des boisements sur le régime des eaux et l'on ne peut s'empêcher de croire que, s'il était possible de reboiser le Titteri, la restauration de son régime hydrologique s'ensuivrait immédiatement.

Actuellement, les ravages causés par les torrents du Titteri sont considérables. On conçoit en effet qu'ils arrachent facilement aux montagnes d'énormes quantités de matériaux et qu'ils puissent les dégrader rapidement. J'ai déjà eu l'occasion d'indiquer les dégats produits par l'érosion, aussi bien dans le Titteri que dans les steppes voisines. Je me contenterai de faire observer, à nouveau, combien graves en sont les conséquences ; on voit disparaître à vue d'œil les nappes d'alluvions récentes, qui comblaient certains thalwegs de petites vallées, dans d'autres plus grandes, elles ont également à souffrir. Mais c'est surtout le pliocène des alentours de Bogari qui reçoit le choc. J'ai dit que l'érosion l'avait découpé en pyramides, en aiguilles du plus singulier effet. Or cette érosion doit être, pour une bonne part, très récente, car il est telle de ces aiguilles qui porte encore à son sommet une aire à battre ou une cabane, évidemment construite dans l'abord en terrain plat. A chaque nouvelle période de grandes pluies on peut constater de nouvelles dégradations, et parfois on constate des glissements de marnes entières, d'une grande superficie, produisant dans la masse des dénivellations très accentuées, qui tendraient à faire croire à sa disposition primitive en terrasses étagées.

La disparition de ce terrain est fâcheuse, car, grâce à sa teneur assez forte en calcaire, à la légèreté des terres auxquelles il donne naissance, il convenait parfaitement à la culture de certains arbres à fruits à noyaux, et cet élément de la prospérité du pays trouve plus malaisément à se développer ailleurs.

Mais l'érosion porte partout ses ravages, et ceux-ci sont foudroyants dans les années pluvieuses ; on a vu des champs disparaître en entier ; on constata une fois, en une seule nuit, la destruction de vingt-cinq silos emporté par les eaux d'un torrent à la suite d'un orage.

Les eaux du Titteri sont en général de bonne qualité; celles d'Aïne Boucif, de Chellala, qui sortent de grès massifs, sont très pures. Celles de Bogari, issues de grès plus mélangés de marnes ou d'argiles imprégnées de sels, sont un peu magnésiennes, par contre, et produisent des dérangements de corps assez violents aux personnes qui n'y sont pas habituées. Il n'y a d'exception sérieuse à faire que pour les eaux qui séjournent dans des alluvions, au contact de marnes ou argiles plus ou moins gypseuses et magnésiennes ; pour les oueds Malah, l'Oued Harmela, l'Oued Elhakoum, dont les eaux sont fortement saumâtres et imbuvables. Cela provient de ce que ces ruisseaux passent à proximité d'ilots triasiques, toujours plus ou moins chargés de sel gemme en surface ou en profondeur.

Contrairement à ce qui se produit très souvent il n'y a dans le Titteri, au voisinage des ilots triasiques, aucune source chaude. Le nom de Hammam, porté par quelques sources, et notamment par l'une des plus belles, ne doit pas faire illusion. Si les eaux en ont été chaudes autrefois, elles ne le sont plus actuellement, puisque leur température ne dépasse pas 18 à 20°.

Faune. — La faune du Titteri, surtout celle des petits animaux, est aussi peu connue que la flore des végétaux inférieurs. C'est dommage, car des animaux tels que les mollusques, les arthropodes, subissent trop directement l'influence du climat pour ne pas présenter un vif reflet de celui-ci. Mais les régions voisines sont dans le même cas; la géographie zoologique de l'Algérie est à faire en entier. Je me vois donc réduit à mentionner quelques espèces principales, sans pouvoir tirer de la nature de la faune aucune déduction, comme j'ai essayé de la faire pour la flore.

Parmi les mammifères, on trouve le chacal en abondance, le renard, la hyène, divers rats ou mulots, le lièvre, mais non le lapin, la loutre peut-être, l'ichmeumon probablement; mais il n'y a ni grands fauves, depuis au moins deux siècles, ni aucune espèce de gazelle, ni gerboise.

Parmi les oiseaux, il faut citer les aigles, vautours, cathartes, buses, beaucoup d'espèces de faucons, de milans et d'éperviers, dont le gîte préféré se trouve dans les sommets du Taragraguet, du Kef Lakhdar, du Mougar. Le Kef Neggairou est habité par de nombreux individus d'une espèce de petit corneille à bec rouge, de petite taille, que les indigènes appellent *Reréyeb Sarâ* ou *Reréyébarjoun* (Fregilus graculus) ; quant au grand corbeau, il se trouve dispersé par couples assez rares dans les lieux les plus sauvages. Les pigeons bizets et autres abondent dans certains rochers et notamment dans les grottes de Fegnouna. Diverses espèces de geais, de pies, le rollier, des pinsons, des merles, puis en certaines saisons des grives et des guêpiers, vivent dans les bois de pins. Il y a beaucoup de perdrix bartavelles un peut partout, et quelques cailles dans les céréales, au printemps. Le chant monotone du coucou retentit dans les endroits solitaires jusqu'à la fin juin. Enfin de nombreux passereaux, des moineaux, des gros becs, des traquets, des bergeronnettes, sont partout répandus. Dans les parties méridionales du massif certaines espèces saxicoles semblent appartenir à la faune désertique, notamment une espèce de petit traque noir, à croupe blanche, que les indigènes appellent *kohaïl-el-hadjar*.

On trouve des tortues de terre assez fréquemment ; une innombrable quantité de tortues d'eau douce, qui peuvent atteindre une taille de 20 à 25 cm., dans les flaques d'eau ; il y a quelques barbeaux dans les trous de l'oued Elhakoum. Les sangsues pullulent dans certaines sources et dans certains ruisseaux, dont on ne saurait boire l'eau sans précaution; elles se fixent très souvent sur le palais, dans la bouche des chevaux ou des mulets ; mais je n'ai jamais entendu dire qu'elles aient occasionné d'accident sérieux.

Les serpents, les sauriens sont communs. Parmi les premiers on ne signale que des couleuvres ; mais ces animaux peuvent atteindre 1 m. 50 de long. Sans la guerre impitoyable que leur font les indigènes, persuadés à tort qu'elles sont nuisibles, on en trouverait probablement de plus grandes encore. Sur les rochers des alentours de Bogari seulement on pourrait craindre de rencontrer des vipères, et l'un des petits sommets qui domine le qçar, le *Kef ben Aliya*, a reçu de ce fait, des Européens, le nom de *Rocher des vipères à cornes*. Les geckos abondent, ainsi que les caméléons ; on trouve aussi une grande variété de lézards, qui semblent varier un peu suivant l'altitude des points que l'on considère. Les espèces des parties méridionales et basses sont les mêmes que celles des steppes ; on y remarque notamment le lézard très vilain de forme, mais très richement coloré, que les Arabes appellent *Bou-Briç* et les naturalistes *Agama Colonarum*. Tous ces animaux vivent dans les rochers dont ils parcourent la surface avec une agilité merveilleuse.

Les scorpions n'existent en abondance que dans les parties basses du massif ; je n'ai jamais vu que le jaune, et sa virulence n'y est pas ce qu'elle est plus au Sud.

Il y a de fort nombreuses araignées, quelques-unes de très grande taille ; une espèce couvre la terre, dans les endroits sableux, d'un véritable tapis de petites toiles, parallèles à la surface du sol et supportées par les herbes; je signalerai encore un crustacé terrestre qui ressemble au cloporte, mais qui vit dans les rochers secs ; enfin un petit animal analogue à la mite des vieux papiers, qui se rencontre en quantité prodigieuse à la surface des dalles de grès exposées au soleil, et qui, lorsqu'on l'approche, saute à 5 ou 6 centimètres de hauteur avec une agilité singulière. Il fourmille au kef Lakhdar.

Les fourmis et les courtillères sont une véritable calamité à Aïne-Boucif. Leurs dégâts sont inappréciables dans les jardins [1].

____

(1) Ces animaux sont très abondants en certaines régions tempérées de

Enfin il est encore un autre fléau du Titteri, c'est le taon, partout répandu dans les régions humides du Tell algérien. La partie méridionale du Titteri en est à peu près indemne, malgré ses sources ; mais ils sont une terrible entrave aux communications dans la partie centrale, autour du Kef Lakhdar notamment ; à certaines époques ils fourmillent dans les prairies, et depuis 8 heures du matin quand le temps est frais, depuis 6 heures quand il est chaud, jusqu'au moment où la fraicheur du soir vient à tomber, il est impossible de traverser ces endroits avec des chevaux, des mulets ou des ânes. Les animaux harcelés par les mouches, couverts de sang, fous de douleur, refusent d'avancer ou se roulent à terre. On signale des cas de mort. Probablement il s'agit — c'est le dire des indigènes — des taons ayant bu le sang d'animaux morts du charbon. Il y a deux sortes de taon ; le *mederri*, le plus petit, noir, redoutable ; le *zernouh* plus grand, avec de gros yeux à fleur de tête, d'un vert métallique magnifique, plus effrayant à cause de sa grande taille, mais moins dangereux. Ces diptères paraissent d'habitude en avril ; mais, dans les années froides, ils peuvent ne se montrer qu'en juin. Ils durent 41 jours, après lesquels ils disparaissent, disent les Arabes, mangés par les grosses libellules qui naissent alors. Les taons craignent le froid, la sécheresse, le vent, l'ombre des arbres, celle des maisons et des écuries, où ils ne pénètrent jamais. Il serait donc possible de diminuer les souffrances des animaux qui paissent tout le jour dans les prairies, en y disposant des groupes d'arbres sous lesquels ils pourraient chercher un refuge, ou mieux encore des hangars entourés de plantations.

Les moustiques, par contre, semblent assez peu nombreux, et strictement restreints aux alentours des prairies marécageuses.

A. JOLY.

---

l'Algérie, par exemple à Médéa. Mais on ne laisse pas d'en trouver même dans es qçour du Sud, comme à Chellala des Megguène, par exemple.

DEUXIÈME PARTIE[1]

Les Populations et leur existence

1° *Les indigènes musulmans du Titteri. La race.* — Il semble qu'on retrouve deux races juxtaposées, ou mieux se pénétrant l'une l'autre, parmi les indigènes musulmans du Titteri ; il semble que leur sang soit un mélange de celui des Arabes et des Berbères, à considérer leur physique aussi bien qu'à sonder leur moral ; mais un mélange intime, quoique fait en proportions très inégales ; de sorte que c'est bien l'Arabe qui parait ici dominer, ailleurs le Berbère, mais sans que cesse de prévaloir, dans chaque groupe peu

---

(1) La première partie de cette étude a été publiée dans le Bulletin de la Société (1er trimestre 1906).

Cette étude était rédigée à la fin de l'année 1904. Elle n'est donc plus absolument au courant sur quelques points. Les divisions administratives, notamment, ont subi quelques modifications ; toutes les tribus du territoire militaire sont passées au territoire civil pendant l'été ou l'automne de 1905. Mais nous ne croyons pas que les changements intervenus soient assez importants pour nécessiter une refonte même des détails et nous préférons laisser cette étude telle qu'elle était.

Nous ferons remarquer encore que nous considérons cette étude, (aussi bien la partie déjà parue dans le Bulletin de la Société en 1906 que celle-ci et la suivante) comme purement provisoire. Nous avons en portefeuille une étude beaucoup plus complète avec de nombreux croquis et dessins ; mais son étendue est trop considérable pour lui permettre de prendre place dans une revue périodique.

étendu, la marque d'une évidente harmonie, fruit d'un équilibre depuis longtemps établi et sans qu'on trouve jamais beaucoup de types aberrants ou disparates.

Pour nous en tenir à une vue d'ensemble, nous pouvons dire que les Berbères semblent surtout dominer dans le cœur du massif, comme on pouvait s'y attendre. Cependant ils semblent eux-mêmes renfermer du descendant des deux grande races principales en lesquelles on s'accorde généralement à partager leur peuple, (usant ainsi du mot de berbère d'une façon plus commode, peut-être, que répondant à une vérité scientifique). Les uns, en effet, brachycéphales, à tête carrée, ressemblent aux berbères noirs de la grande Kabylie ; d'autres, brachycéphales encore, — quoiqu'on trouve des familles de dolichocéphales, — tendent vers le type blond. Dans le *Taragraguet*, notamment, dans des villages aux maisons pressées les unes contre les autres et qui ressemblent à ceux des régions kabyles, on voit des teints blancs, des yeux marron clair, des barbes châtain, ou très claires, ou même accidentées de longs poils blonds aux coins des lèvres qui trahissent la complexité d'origine.

Cependant nulle part on ne trouve de types demeurés purs du berbère blond ou rouge, aux yeux bleus ou verts [1].

Mais si les individus blonds ou blondissants sont évidemment plus nombreux dans le cœur de la montagne, on ne laisse pas cependant que d'en rencontrer encore en assez forte proportion çà et là partout ailleurs. Ainsi dans les *Hannacha*, fraction de la tribu des *Mfateha* ; ainsi dans les *Ouled Mokhtar*, au moins quelques familles ; ainsi parmi les descendants de *Si Mhammed Ould Elbokhari*, fondateur du qçar au village indigène de ce nom ; *Si Ben Youceuf*, l'un d'eux, que j'ai beaucoup connu, avait les cheveux et la barbe d'un châtain très clair, presque blond, les yeux clairs aussi, de couleur noisette et la peau très blanche.

Fait à noter : il y a beaucoup de marabouts parmi ces berbères blondissants ; ils forment parfois des fractions entières, qui ont conservé certaine suprématie spirituelle sur les autres, ou même ont étendu leur influence en dehors de la sphère de la tribu. Les légendes et les traditions indigènes nous présentent les auteurs de ces familles ou fractions comme venus du Sud-Ouest marocain, de la fameuse *Séguiat el Hamra*. Est-ce donc l'indice d'une réaction des Berbères de l'Ouest ? qui, individuellement, par familles, par indi-

---

(1) Tandis qu'au contraire on en trouve un assez grand nombre dans le massif voisin, mais plus occidental, des monts de Bogar et de Teniet, de Matmata, etc.

vidus isolés, portant partout la parole de Dieu, reprirent aux Arabes une partie du pays conquis et occupé par ceux-ci. S'agit-il au contraire d'une réaction locale des envahis contre les envahisseurs ? d'une semi-floraison nouvelle des anciens éléments ethniques ? qui prospèrent à la faveur de conditions favorables du sol ou du climat et grâce à leur vitalité. Ou mieux encore y a-t-il de l'un et de l'autre phénomène dans le fait qui nous occupe ? Questions qui se posent sans que nous puissions les résoudre faute d'éléments suffisants.

Quant au cantonnement des Berbères surtout dans la partie centrale de la montagne il n'est pas fait pour nous surprendre. Il fut évidemment plus facile à leurs ancêtres de résister dans ces sortes de forteresses naturelles, comme le *Kef Lakhdar* ou le *Taragraguet*, aux flots arabes qui submergeaient le reste du pays. Mais très probablement ces endroits ingrats ne constituèrent pas à eux seuls tous leur domaine, même aux époques d'oppression ; car des populations toute voisine, comme les *Ouled Sidi Aïssa*, qui n'ont manifestement rien d'arabe, ont parfaitement subsisté en pleine steppe.

Mais le Titteri fut le théâtre de tant de luttes qu'il est bien malaisé de rien préciser. Les traditions nous parlent même de mouvements de populations qui se sont produits à une époque relativement récente. Sur le territoire actuel des *Adaoura* vécurent jadis, dit-on, les *Mouiyadète*, établis aujourd'hui du côté de *Birine,* à vingt ou trente kilomètres plus au Sud.

Frontière d'un Tell demeuré berbère dans l'ensemble et de steppes envahies par les Arabes, le Titteri devait fatalement présenter les mêmes caractères transitoires au point de vue de l'ethnologie qu'à tous les autres.

Des traces de sang noir s'observent çà et là, dans quelques familles peu nombreuses où le type nègre peut même aller jusqu'à prévaloir ; ainsi chez les *Khouod*[1], du *Chaab Youceuf*, près de Boghari. Ce sont les descendants d'esclaves libérés qui se fixèrent autrefois en ce lieu.

§ 2. — *Les tribus.* — *Les divisions administratives.* — Le Titteri est partagé en *territoire civil* et *territoire militaire.* Au premier appartiennent :

1º Les *Mfateha* ; *Ouled Mokhtar Chraga* ; *Ouled Maarreuf,* de la *Commune mixte de Bogari.*

2º Les *Ouled Hamza,* de la *Commune de plein exercice de Bogari.*

3º Les *Douaïrs,* les *Rebaïya,* de la *Commune mixte de Berrouaguia.*

---

(1) خوود

Du territoire militaire font partie :

1° Les *Ouled Alane;* les *Titteri, Souari, Dehimate* (ou *Ouled Dehim)* de la *Commune indigène de Bogar.*

2º Les *Adaoura Chraga el Reraba*, de *l'Annexe de Sidi Aïssa, Cercle de Bou Sâada.*

Les *Mfateha* habitent entre *Bogari*, le *Kef Mongar* et le *Kef Djehaïfa*, à l'extèmité occidentale du massif.

Les *Ouled Mokhtar*, dans les dernières crètes du sud-ouest autour de *Saneg* et dans la plaine de *Doufana* qui leur confine au sud.

Les *Ouled Maarreuf* autour du *Taragraguet*, à l'ouest, au sud et au nord et de là jusqu'aux *Kifane El Hammam*, jusqu'à *Oum Eladam* et dans la plaine qui fait suite, où la fraction des *Abaziz* s'étend jusqu'à *Cheblcat Ennouirète.*

Les *Ouled Hamza* sur le flanc Nord de *Fegnouna* et dans la partie occidentale de l'*oued Elhakoum* ;

Les *Douaïrs* un peu plus à l'est, dans la même vallée et sur les pentes du *Djebel Maïda* ;

Les *Rebaïya* sur les dernières pentes du *Kef Lakhdar* au Nord-Ouest.

Les *Titteri, Souari, Dehimate*, réunis sous le commandement d'un même caïd vivent sur les flancs Est et Sud du Taragraguet

Les *Ouled Alane* de la partie occidentale et méridionale du *Kef Lakhdar* aux steppes avec *Aïne Boucif* comme lieu principal.

Les *Adaoura Reraba* plus à l'Est, dans l'Est du *Kef Lakhdar*, autour du *Gourine*, dans le *Kef Afoul*, jusqu'aux steppes.

Les *Adaoura Chraga* sur le bord occitental du grand cirque de l'*oued Maamour* et de l'*oued Leham.*

Les Ouled Mokhtar revendiquent droit de propriété sur certains territoires de parcours sis au Nord des collines de *Aïne Oussera* et connue sous le nom de *Bled Qorike.* Mais les *Rahmane Rerabra*, de Bogar, sur le territoire desquels ils sont situés, leur contestent ce ce droit, et la question n'a pas encore été juridiquement tranchée de façon définitive.

§ 3. — *Langage.* — Mais tous ces éléments ethniques sont si bien mêlés que l'homogéneité règne chez les populations du Titteri envisagées à d'autres points de vue. Ainsi pour ce qui a trait au langage, au costume : on parle d'un bout à l'autre du massif uniquement l'arabe, sans qu'aucune trace de la langue berbère soit demeurée, sauf dans de rares noms de lieux et dans quelques noms de plantes ; dialecte qui ne se distingue presque pas de celui des nomades des steppes, tandis qu'il diffère assez nettement par son vocabulaire et sa prononciation de celui des telliens.

Ainsi le ‮غ‬ (r') y acquiert, comme dans tout le Sud Algérien, la valeur du ‮ق‬ (q) tandis que celui-ci prend le son du ‮ڤ‬ (g dur), et toujours le ‮ج‬ s'y prononce j et jamais dj. Mais par contre on observe très bien les différences entre des lettres à son très voisin, comme le ‮ت‬ (t) et le th (‮ث‬), le ‮د‬ (d) et le ‮ذ‬ (d') le ‮ض‬ (dh), le ‮ط‬ (T) et le ‮ظ‬ (dh') qui sont au contraire souvent confondues chez les Berbères arabisés des montagnes.

§ 4. – *Le Vêtement.* — Même vêtement [1] encore, mêmes coutumes, même manière de vivre d'un bout à l'autre du Titteri, le tout n'offrant que bien peu de différence avec ce que l'on voit chez les nomades.

Dans sa plus grande complexité, ce vêtement se compose pour les hommes d'une chemise à manches larges mais serrées au poignet, d'un petit pantalon de cotonnade, que beaucoup suppriment ; une sorte de tunique de cotonnade, la *gandoura*, par-dessus, puis un ou deux beurnous de laine, et souvent celui de dessus en poil de chameau ou en laine noire ; c'est le *Khaïdous* [2] de Lagouat ou de Mascara. Pour coiffure un *gormour* [3], assemblage de plusieurs calottes de feutre hautes et rondes, blanches les unes, rouges les autres, formant sur la tête un volumineux paquet cylindrique, admirablement propre à protéger des écarts de température ; un voile léger, le *lethèm* [4] enveloppe le cou et les côtés de la figure, maintenu sur les calottes par une mince cordelière en poil de chameau grise, brune ou noire (*kheit*) [6].

Les pauvres gens vont nu pieds ; les autres chaussent des sortes de babouches sans talons, noires, arrondies, légères mais disgracieuses. [7] Les bergers se font souvent en hiver, des chaussures

---

(1) Le costume des indigènes musulmans d'Algérie présente des nuances très accusées suivant les régions, de sorte que l'initié reconnaît sans peine l'origine de celui qui le porte ; tandis que le profane se fixe peu ou même pas du tout, en ses différences, et n'y établit pas de différences.

(2) ‮خيدوس‬

(3) ‮قذور‬

(4) Ces calottes sont appelées *Chéchia* ‮شاشية‬ pluriel *Chouachi* ‮شواشي‬ — Elles sont frabriqués surtout par les habitants du petit village d'*Eddis*, des Hodna, près de *Bou Sâada*.

(5) ‮لذام‬

(6) ‮خيت‬

(7) C'est ce que l'on appelle dans le pays le *Sabbat' Arbi* ‮سباط عربى‬ ou *Sabbat' Mesèyyah'* ‮سباط مسيح‬

rustiques avec des peaux de chèvre cousues au moyen de cordons de cuir et qui leur couvrent le pied et la jambe jusqu'aux genoux. Les cavaliers portent le *best*[1] rouge, sorte de bas de cuir, et le soulier à talon, découvert sur le coup de pied, souvent en cuir verni.

Les gens riches ajoutent au costume le *haïk* de laine et de soie du Djerid qui se drape autour du corps ; et en été le grand chapeau de paille, également du Djerid, appelé *medale*.

Quant aux femmes, la *melhafa*[2] presque toujours en coton blanc, est souvent leur unique vêtement. C'est une simple pièce rectangulaire qui se porte, drapée, retenue sur les seins par de grosses broches d'argent, à peu près comme la Tunica des Romaines ou l'*Epômis* des Grecques. Une cordelière de laine brune, avec des ornements de même matière, en couleurs plus claires, la retient à la taille et pend sur le côté ; c'est le *bathrour* [3].

Cependant, en hiver, les femmes drapent encore par dessus la *melhafa*, et de façon analogue — au moins celles qui peuvent se procurer ce luxe, — soit une grande pièce en laine rouge à rayures de soie blanche, appelée *k sa* [4] soit un tissu de laine de plusieurs mètres de long, rouge sombre à losanges et rectangles blancs et vert, le *Jerbi* [5] fabriqué à Lagouate.

Leur coiffure se compose de linges blancs multiples, auxquels parfois se mêle la ceinture de Tunis en soie rouge, rayée de vert, de bleu, de jaune aux extrémités, *el hazem* [6]. Le tout forme un volumineux paquet, très large, très haut, terminé à sa partie supérieure par une courbe très ouverte. La façon dont elle l'échaffaude est absolument caractéristique de cette partie de l'Algérie, et, du premier coup d'œil, on reconnaît l'origine de celle qui la porte. De chaque côté de la tête pend une épaisse natte de cheveux, le plus souvent grossie par l'adjonction de postiches en laine noire ou rouge, car bien peu de femmes arabes ont une chevelure abondante et longue [7].

---

(1) بست . On l'appelle *mest* مست dans la province de Constantine et *Khoff* خف dans celle d'Oran.

(2) محلافة . Chez certaines femmes riches elle est en soie de couleur brochée ou peinte.

(3) بشرور

(4) كسا

(5) جربي . On l'appelle aussi *Hàrèm* حرام

(6) حزام

(7) Même observation s'appliquerait à beaucoup d'Andalouses brunes, chez lesquelles prédomine encore le sang arabe. — Les nattes dont il s'agit s'appellent *Defaïr* ضفايـر

Un grand voile blanc, de coton chez les vieilles ou les pauvres, de tulle ou de soie chez les jeunes, chez celles qui sont de condition plus riche, engagé à sa partie supérieure dans les linges de la coiffure, pend derrière le corps qu'il couvre presque jusqu'aux pieds ; c'est ce que l'on appelle le *bakhnongue* [1] ou *l'ougoïa* [2]. Les élégantes ajoutent en dessous un voile un peu plus petit, porté de même façon, mais en soie noire où se brodent en jaune et en rouge des festons et des fleurs de fantaisie [3]. C'est le *khoumri* [4] ; il se fabrique aux alentours de Touggourte et ce sont les Ouled Naïl qui les apportent dans leurs migrations.

De grandes boucles en or ou en argent, à pendeloques, attachées dans la coiffure et suspendues à hauteur des oreilles [5], quelquefois des boucles d'oreilles [6], des broches [7], d'autres plus grandes pour retenir la melhafa sur les seins [8], des bracelets très minces simples anneaux [9], d'autres plus larges comme des rubans [10], d'autres très larges, hérissés de clous carrés qui en font des armes redoutables [11], de larges anneaux de pied, le tout en argent ; chez quelques femmes riches un diadème d'or [12], voilà la parure des musulmanes du Titteri.

Dans sa simplicité, ce vêtement, aussi bien celui des hommes que des femmes, présente les traces de modifications peu anciennes puisque, jadis, toutes les pièces de coton ou de lin d'origine européenne en étaient absentes, remplacées par des tissus de laine faits dans la tente même. Certains montagnards des massifs des Matmata, au delà de la trouée de Bogar, s'habillent encore à l'ancienne mode, d'un simple voile de laine blanche appelé *Ksa*, drapé, mais non cousu et qu'ils retiennent autour du corps sans le laisser tomber, quelque

---

(1) بخنون –

(2) وقينة . On l'appelle presque toujours Ougoïa quand il est en soie.

(3) Ce voile n'est pas sans analogie avec le fichu de soie noire à fleurs de couleurs rouge ou jaune très porté en Andalousie. De même l'ougoïa de soie blanche rappelle beaucoup le fichu de soie blanche, à franges, des Andalouses.

(4) خمرى

(5) Appelées *Khorç* خوص

(6) Appelées *Ounaïs* ونايس

(7) *Bzima,* بزيمة pluriel *Bzaïm* بزايم

(8) *Bezma* بزمة pluriel *Bezmat* بزمات ou Khlèl خلال

(9) *Hadaïd* حدايد

(10) *Msaïs* مسايس

(11) *Souar* سوار

(12) *A'rsa* عرسة

violents soient leurs mouvements, avec une grande adresse. C'est là tout leur costume avec un burnous. Celui des anciens habitants du Titteri devait lui ressembler beaucoup.

Aujourd'hui, malgré les modifications qu'il a subies, malgré sa complexité plus grande, s'il présente plus de recherches que celui du *Beni Sliman* dont nous avons eu déjà l'occasion de parler, il est en tous cas bien plus humble que celui des gens de la province de Constantine où le drap pour les hommes, la laine, le coton teint et la soie, les bijoux d'or pour les femmes jouent un grand rôle. Mais il se transformera sans doute dans ce sens au fur et à mesure que les relations des habitants du Titteri deviendront de plus en plus fréquents avec les villes.

§ 5. *Genre d'existence.* — Les habitants du Titteri sont à peu près complétement sédentaires aujourd'hui et s'occupent avant tout de la culture. C'est à peine s'ils se livrent à de petites migrations sur leurs terres, lorsque celles-ci sont d'une étendue suffisante pour le souffrir ou bien quelques membres de certaines familles vont individuellement s'établir dans les steppes pendant l'hiver pour assurer le pâturage des moutons.

Il n'en était pas de même autrefois. Les *Adaoura*, dans l'extrémité Est du massif, étaient encore presque entièrement nomades il y a vingt ans, les *Mfateha* de même il y a cinquante ans. C'étaient de terribles pillards, guettant les caravanes du haut de leur crêtes rocheuses, toujours prêts à se ruer dans la plaine pour les piller. Les *Ouled Alane,* les *Titteri,* les *Souari,* tous les habitants du Kef Lakhdar, du Taragraguet et de leurs alentours avaient eu de tous temps, au contraire, plus de prédilection pour la vie sédentaire.

Le Titteri se trouve donc dans un état transitoire encore à ce point de vue. D'une part, les modifications politiques, économiques et autres résultant de la conquête tendent à y restreindre de plus en plus la vie pastorale ; d'autre part une sorte d'incertitude, de flottement de celle-ci à la vie purement sédentaire semble devoir se perpétuer longtemps à cause des inégalités du climat et de la valeur économique des différents cantons.

§ 6. *Le combustible.* — La rareté du combustible est à noter, si l'on veut bien indiquer les pénibles conditions d'existence des populations.

Non seulement, depuis longtemps les bois ont à peu près disparus du pays, comme on l'a vu, et leurs faibles restes ne suffisent pas à donner tout le bois de chauffage nécessaire, mais la broussaille elle-même est si rare que les indigènes se voient contraint de bruler dans leur foyer les herbes sèches, telles que l'albardine, les tiges de férule et même des branches de laurier-rose coupées fraîches et séchées au soleil ; ainsi s'accentue de jour en jour davantage la nudité du pays.

Il est à peine besoin d'insister sur les difficultés causées par cet état de choses dans un pays où l'hiver est froid, et l'on peut en prévoir les conséquences au point de vue de certaines industries locales, comme celle de la cuisson de la chaux et du plâtre. Au *Tleta* des *Douaïrs*, les *Beni Hassen* [1], viennent vendre aux *Ouled Maarreuf* du bois coupé dans les forêts du *Mont Gorno* [2]. Mais ce sont des ressources qui n'auront pas de durée, car la forêt des Beni-Hassen est vivement attaquée, elle aussi, et recule devant l'exploitation maladroite des indigènes. Ce serait bien pis encore si la colonisation européenne s'installait dans le pays. A *Chellala* des *Adaoura* on apporte du bois des environs de *Sour Djouab*. La charge d'âne, — cinquante à soixante kilos au maximum, — se vend de 1 fr. 50 à 2 francs. Ce n'est pas très cher ; mais c'est du bois résineux qui donne peu de chaleur et se consume en un clin d'œil.

Et l'on n'a pas dans le Titteri, comme plus au Sud, la ressource d'utiliser les crottes de chameau comme combustible à cause de leur rareté.

§ 7. — *Ressources en eau*. — L'alimentation en eau est au contraire partout assurée par les très nombreuses sources et par les ruisseaux qui en découlent. On ne trouve donc que très exceptionnellement des puits dans le Titteri ; Il y en a un dans le cirque de *Tegaza* où manquent les sources d'eau douce, creusé par les indigènes ; il donne à 5 ou 6 mètres de profondeur une eau saumâtre mais buvable, contenue dans des alluvions reposant sur les argiles à huitres.

§ 8. — *Habitat*. — On trouve dans le Titteri les habitations les plus variées, depuis la tente de laine semblable à celle du nomade jusqu'aux maisons presque confortables, de construction récente, en passant par la chaumière à tous ses degrés de perfectionnement ou de grossièreté.

La tente [3], toujours noire, quelquefois rayée de blanc, mais jamais de rouge comme chez les Ouled Nayl, est encore fréquente

---

(1) De la commune mixte de Berrouaguia et habitants du Mont Gorno.

(2) Sur la route de Berrouaguia à Bogari.

(3) On l'appelle plutôt *Bit* بيت que *Khima* خيمة dans le pays.

chez les Mfateha et les Adaoura. Ceci ne veut point dire qu'ailleurs elle soit inconnue cependant. Généralement établie à demeure ou rarement changée de place, elle est souvent entourée d'une murette en pierres sèches ou d'une haie de jujubier mort. Certains la dressent seulement pendant l'été, habitant au contraire pendant l'hiver dans des huttes *(gourbis)* ou dans des maisons. Enfin certaines familles des *Ouled Maareuf* ont conservé l'habitude de planter leurs tentes, l'hiver, à l'abri de rochers en surplomb, à la crête des *Kifane El-hammam*. Là, parfaitement abrités du vent du Nord, de la neige et de la pluie, elles passent les moments les plus durs de la mauvaise saison, profitant des moindres rayons de soleil. En même temps leurs troupeaux trouvent à manger dès que la neige vient à fondre, ce qui se produit presque aussitôt après sa chute, à cause de l'exposition du versant au midi.

Les maisons [1], par contre, sont plus fréquentes dans le centre et dans l'Est du massif, rares dans l'Ouest. Ce sont en général des sortes de fermes rudimentaires, construites en moellons et en mortier de plâtre ou de chaux grasse, quelquefois de terre, et presque toujours recouvertes de tuiles, quoiqu'on trouve parmi les plus anciennes des couvertures en chaume de diss. Elles sont ordinairement partagées en deux pièces, l'une pour les hommes, l'autre pour les femmes. Pas de fenêtres, mais de simples portes pour donner du jour et de l'air, ou bien des soupiraux très exigus. En général aussi le sol est de terre battue ; un appentis, une cabane en branchage sert d'écurie pour les animaux.

Telle est cette maison, d'introduction récente, dans le cas le plus simple ; mais depuis quelques années elle tend à recevoir des perfectionnements. Les gens aisés disposent quelquefois leur habitation suivant les trois côtés d'un carré, fermé par un mur sur le quatrième, et qui sert de cours pour les bestiaux. Une chambre exprès pour les hôtes s'ouvre à l'extérieur. Certains se mettent à carreler le sol, à crépir les murs extérieurement ou intérieurement, ou bien ajoutent des fenêtres, encore de petites dimensions et pas toujours pourvues de vitres, mais seulement de volets. Enfin on trouve, dans les Adaoura surtout, quelques constructions pourvues d'un premier étage, voire même d'un balcon de bois avec des cheminées dans les pièces ; et quelques-unes ont presque des allures de confort. Telle la maison du caïd du Titteri, telle la ferme de Mohammed ben Aouda

---

(1) La maison est appelée *Hàouch* حوش et jamais *Dar* دار dans le Titteri. Ce nom de *Dar* signifie chambre, pièce d'une maison ; et aussi l'endroit où l'on dresse la tente pour un temps plus ou moins prolongé.

à Tegaza, dont les murs sont intérieurement tapissés de carreaux de faïence, la seconde offre même un assez gracieux porche mauresque également décoré de faïences blanche et bleue. Quant à l'établissement du Caïd Marabout, sur le flanc Nord du *Djebel Maïda*, il est vraiment luxueux ; et celui de l'Aga *Djilali*, tout voisin, est une sorte de petit palais, partagé en plusieurs corps de bâtiment, avec cours intérieures, galeries à arcades, jets d'eau, jardins et vastes écuries.

Dans leur type d'ornementation comme dans leur disposition ces demeures sont presque toujours une combinaison de la manière européenne et de la manière arabe. On manque rarement d'y trouver, comme dans les maisons d'Alger ou de Médéa, les larges bancs de maçonnerie accolés aux murs, si commode pour étendre les tapis et qui servent de lit ou de sofa ; une galerie extérieure, ouverte sur l'horizon, où se reposeront les voyageurs et les hôtes ; et pour ceux-ci une pièce écartée où ils seront à leur aise sans être eux-mêmes une gêne pour la famille. Et toujours les murs sont blanchis à la chaux quand la maison est tant soit peu perfectionnée.

Ce caractère mixte s'explique : c'est qu'en effet ces demeures sont l'œuvre combinée de maçons italiens et médéens, de chrétiens et de musulmans. L'habitude qu'ont prise les uns et les autres de travailler en commun ou successivement à la même œuvre leur a fait adopter naturellement ce style mixte — si le mot n'est pas trop ambitieux, — ou si l'on veut cette manière de faire qui présente des avantages étant donnée les mœurs musulmanes et les habitudes locales.

Les matériaux proviennent pour une bonne partie du pays. La pierre, cela va sans dire, est celle que l'on extrait des bancs de grès de la montagne. Le plâtre se fait à *Ras Eddeba*, près de Chellala, à *Bogari*, à *Tégaza*, dans les Ouled Alane, aux *Rebaïya*, avec le gypse des îlots triasiques de *Souq Elhad*. Le bois des charpentes vient soit des forêts des *Ouled Anteur*, de Bogar, soit du marché du *Tléta des Douaïrs*, où l'apportent les Beni-Hassen, du Mont Gorno et les tribus du Dira. Les briques se font à Bogari ou à Chellala ; dans le Nord, sur les confins de la vallée de l'Oued Elbakoum, on en fait aussi venir de Berrouaguia. La chaux vient de Bogari, soit qu'elle y ait été fabriquée, soit qu'elle y ait été apportée par charrettes ; on en fait aussi venir d'Aumale par charrettes jusqu'à Sidi-Aïssa, et de là à dos de mule ; à dos de mule encore on en apporte de Berrouaguia ; les convenances locales président au choix. Enfin il est certains propriétaires qui font venir, toujours à dos de mule, des madriers, des planches, des portes, des fenêtres ou même des fers à T, coupés en tronçons de peu de longueur, de Berrouaguia.

Mais les indigènes utilisent quand ils le peuvent les matériaux pris sur place ; c'est ainsi qu'ils font entrer les roseaux, que l'on trouve en abondance au bord des sources de la lisière méridionale du massif, dans la construction des toitures ; et quand ils n'en ont point assez, ils en font venir encore de Médéa.

Ces toitures se composent en général d'une poutre faitière formée d'un tronc de pin, ou plutôt encore de genévrier ou de thuya, essences qui résistent au temps parce que les vers ne les piquent point ; puis de chevrons formés soit de madriers, soit de perches de même espèce que la faitière ; enfin de roseaux disposés comme des lattes, mais très serrés, ne laissant entre eux aucune espace ; quelquefois il y en a deux couches, dont l'une, celle du bas, apparente, est disposée de façon à produire des compartiments, des ornements géométriques. Au-dessus des roseaux on dispose, soit les tuiles directement, soit, plus souvent, avant de placer celles-ci, une couche de terre battue et quelquefois mélangée de paille, une sorte de pisé. Le tout forme une couverture très solide, qui protège fort bien contre les pluies et les intempéries de même que contre la chaleur en été ; très durable en même temps, car le thuya et le genévrier demeurent des siècles intacts ; le pin lui-même résiste longtemps ; enfin le roseau est presque imputrescible. En 1905 des pluies violentes ayant ruiné à l'Oued Elhakoum une maison abandonnée, construite quarante ans auparavant par l'Aga Mimouna, on trouva les roseaux de la toiture aussi nets qu'au lendemain de la construction.

Il arrive quelquefois, surtout dans les maisons construites en pierre et en mortier de terre seulement, qu'on intercale dans les murailles des perches ou des poutres horizontales, noyées dans la maçonnerie et d'autant plus espacées qu'on s'éloigne davantage du sol. Le rôle n'en est pas seulement, comme on pourrait le croire, de contribuer à lier une maçonnerie dont l'appareil laisse évidemment à désirer, mais plus encore de faire obstacle aux voleurs habiles à percer les murs. Cette habitude est encore plus commune dans la province de Constantine.

Les constructions du genre de celles dont nous parlons reviennent cher. Quelques prix permettront d'en juger. La maison du Caïd des Titteri a coûté 22.500 francs. La partie intérieure, réservée à la famille, en a coûté 20.000 francs ; la partie extérieure, destinée aux hôtes, 2.500 fr. Le travail fut fait à la tâche par des italiens et des indigènes de Médéa, agissant isolément, tous matériaux étant fournis à pied d'œuvre par le Caïd, mais celui-ci n'ayant pas en revanche à nourrir les ouvriers comme cela se fait quelquefois. La construction était presque achevée lorsque le feu s'y mit ; il fallut tout recommencer.

Le plàtre vaut de 0 fr. 35 à 0 fr. 40 le double décalitre pris à Tegaza ; 1 fr. à Chellala.

Les briques valent 30 fr. le mille à Chellala, 45 fr. à Bogari à la briqueterie de la rive droite du Chélif et 50 fr. à celle de la rive gauche (ce sont les meilleures) ; 60 fr. au Tleta des Douaïrs chez l'Aga Abd Elqader ben Eljilali, 70 fr. à Aïne-Boucif.

Les tuiles valent 55 francs à Chellala et leur prix subit ailleurs, par rapport à celui des briques une plus-value analogue d'environ 15 francs par mille.

Les perches en thuya ou genévriers valent, prises aux Ouled Anteur de Bogar, 1 franc en été et 0 fr. 60 en hiver pour celles qui servent de chevrons ; et moitié moins pour celles qui servent de latte. Les faitières varient de prix suivant leur tailles et suivant la saison, de 3, 4, 5 à 10 francs et au-delà. On trouve des perches de pins du Mont Gorno moins chères, au *Tleta des Douaïrs* ; mais elles sont de moins bonne qualité.

Les roseaux se vendent à Médéa 2 francs à 2 fr. 50 le cent. Le transport par chemin de fer coûte 2 francs le cent jusqu'à Berrouaguia (40 kilomètres) ; il faut ensuite que l'acheteur les fasse prendre à la gare et transporter sur ses bêtes ou sur des bêtes de louage.

Les frais de transport exorbitants entravent beaucoup l'essor des constructions. On peut compter par exemple qu'un madrier coûte à peu près deux fois à Berrouaguia ce qu'il coûte à Alger et que de Berrouaguia à Chellala des Adaoura le transport, sur 40 kilomètres seulement, majore encore une fois ce prix d'un bon cinquième. Et ceci pour les marchandises qui ne risquent point de se détériorer en route. Mais lorsqu'il s'agit de briques ou de tuiles, dont souvent le tiers ou la moitié arrivent en miettes, les frais de transport doublent ou triplent le prix des marchandises. D'autre part il est difficile de faire sur place le plâtre, la brique et la tuile, malgré l'abondance et l'excellente qualité des matières premières, à cause de la pénurie et de la cherté du combustible. On emploie pour chauffer les fours, les tiges de férules sèches, celle du thapsia, les touffes d'albardine ou d'alfa, et même les tiges de lauriers roses coupées en petits morceaux que l'on a fait sécher au soleil.

Et cependant on a vendu depuis trois ou quatre ans à Chellala 135,000 briques ou tuiles uniquement employées aux abords immédiats.

La cherté des constructions en fait un objet de luxe ; les pauvres gens doivent se contenter de huttes ou de cabanes qu'ils appellent gourbis. Une toiture en chaume de diss, supportée par une ferme rudimentaire en perches de pin, surmonte une murette en pierres sèches. A la lisière Sud du massif, où la férule abonde [1], on emploie quelquefois les tiges de cette plante, qui atteignent jusqu'à 2 mètres de haut, pour faire les chevrons et les lattes des toits. Elles ont assez de force pour supporter la terre, l'alfa ou le diss que l'on dépose par dessus, et peuvent demeurer cinq ans sans s'abîmer. Leur légèreté jointe à leur résistance, en fait un précieux élément pour les constructions bon marché ou provisoires.

Les chaumières ont toujours la forme d'un rectangle, en plan ; souvent, quand elles sont établies sur une pente, leur sol se trouve en contrebas du terrain naturel sur une partie de sa surface; quelquefois il l'est sur toute son étendue. Souvent aussi un ou deux piliers formés de jeunes troncs d'arbres fourchus, étançonnent intérieurement la faîtière. Le foyer se compose de quelques pierres placées dans un coin ; la fumée s'échappe comme elle peut par une ouverture du toit. Aussi l'atmosphère intérieure est-elle fort chargée de fumée, et les femmes, qui sortent peu, ont toujours l'air de sortir d'un bain de suie.

Dans les plus pauvres cabanes, la famille vit dans un bout, tandis que dans l'autre prennent place les chevaux, les mulets, l'âne, les vaches et aussi les agneaux et les chevreaux. Sauf en cas exceptionnel de mauvais temps les moutons et les chèvres restent au dehors dans une sorte d'enclos ceint d'une haie de jujubier sec, que l'on appelle *Mrah* [2]. Mais on trouve aussi tous les types intermédiaires entre ces constructions rudimentaires et la maison véritable.

Pas de lit, bien entendu ; dans les habitations aisées, des matelas ou de moelleux tapis posés sur les bancs en maçonnerie fixés au mur [3], et d'abondantes et épaisses couvertures de laine ; chez les pauvres une natte, un maigre tissu de laine sur le sol, ou même rien du tout. Et comme mobilier les pots de terre qui servent à la cuisine, quelques coffres, la sellerie et les outils agricoles. Mais chez quelques riches indigènes, chez quelques caïds on commence à trouver des lits, des tables, des chaises, au moins pour les hôtes, de la vaisselle et de riches services à thé et à café. Il ne manque même ni vins ni liqueurs que l'on offrira aux européens de passage.

Les maisons sont très inégalement distribuées dans tout le Titteri. Dans les Adaoura Reraba, dans la vallée qui se creuse au pied du

____

(1) On l'appelle *Kelkha* كلخــة

(2) مراح

(3) Appelés *Dokkana* دكــونــة

Kef Lakhdar du côté du Sud, tous les types d'habitations se coudoient. Il y a beaucoup de maisons et de chaumières encore autour d'Aïne Boucif, sur le Taragraguet, dans la plaine des Abaziz, dans le Sud du territoire des Ouled Marreuf ; enfin dans la vallée de l'oued Ouled Elhakoum et plus encore sur les pentes du Titteri qui la dominent. Quelques-unes s'élèvent enfin depuis peu dans l'Est des Mfateha et dans la plaine des Ouled Mokhtar autour de Saneg. Leur nombre va sans cesse en croissant. Le mouvement est donné ; il s'accentuera certainement. Il faut avouer seulement que certaines maisons servent seulement de magasins ou d'étables, leurs propriétaires préférant encore la tente, dans lesquelles il leur est plus facile, en été surtout, de se défendre contre les puces, un des fléaux du pays.

Il n'en est pas moins vrai que nous assistons dans le Titteri à une transformation véritable du mode de vie et d'habitation.

§ 9. — *Les agglomérations.* — Si la plupart des habitations du Titteri sont éparses, ou réunies par très petits groupes de quatre à cinq appelés *Mechta* [1], on trouve cependant quelques agglomérations véritables. Telles sont, par exemple, les cinq à six groupes d'une trentaine de maisonnettes échelonnées sur les flancs du Taragraguet au pied de la cîme.

Formés de masures en partie creusées sous terre, dont l'intérieur, coupé de recoins, à peine éclairé par d'insignifiantes ouvertures, ils ressemblent beaucoup à des villages kabyles par leur situation en des lieux rocheux, escarpés, d'aspect peu commode. Comme dans les villages kabyles encore, ce sont des dédales de maçonneries grossières laissant entre elles, au dehors, des cours et des ruelles irrégulières plus ou moins encombrées d'immondices. Des tentes se dressent dans les cours ; dans l'intérieur des masures de larges degrés bas sur lesquels on étend les nattes ou les tapis ; de massifs piliers carrés de maçonnerie et de plâtre soutiennent la toiture, diminuant encore la lumière si rare à l'intérieur. Des jardins de figuiers, d'abricotiers entourent ces hameaux, au pied des rochers, séparés les uns des autres par des murs de pierre sèche envahis par les ronces et les églantiers.

Dans la vallée de l'oued Elhakoum, les lieux dits « l'*Oued Elhakoum,* le *Tleta des Douairs,* et *Haouch ben Kham Kham,* » sont de véritables petits villages naissants ; formés au début autour de quelques métairies particulières. Le second, en voie d'accroissement

---

[1] مشتى , c'est-à-dire étymologiquement, campement **d'hiver.**

continuel, présente une belle place carrée autour de laquelle sont distribuées les habitations ; plusieurs de celles-ci sont à un étage, et la plupart sont pourvues de galeries extérieures au rez-de-chaussée donnant sur la place. Des travaux pour y conduire l'eau d'une source du Titteri y ont été récemment achevés.

Entre Aïne-Boucif et le cirque de Tegaza, un petit hameau perché sur une croupe escarpée au pied de sommets rocheux presque à pic, rappelle encore assez les villages kabyles. Il domine de haut la gorge profonde du torrent, vers lequel ses jardins d'arbres fruitiers dévalent en pente rapide.

Autres semi-agglomérations, formées de maisons éparses, mais très voisines les unes des autres, à *Aïne Ettolba*, au pied méridional du Kef Lakhdar, autour de *Aïne Elalimiya* [1] des Titteri, de *Aïne Touta*, de *A. Elrarbiya*, de *A. Elkerma*, à *Sidi Bekhkhouche*, à la périphérie du massif au Sud chez les Ouled Alane ; et encore à Benia, chez les mêmes Ouled Alane, vis-à-vis le Kef Lakhdar, sur les ruines d'une cité qui fut probablement romaine d'abord puis berbère.

Mais les agglomérations vraiment importantes sont *Bogari*, à l'extrémité occidentale du massif, et *Chellala des Adaoura*, à l'extrémité opposée. *Aïne Boucif*, quoique plus modeste, mérite aussi quelques mots.

Bogari. [2] — Bogari est bien connue grâce aux descriptions des auteurs, plus pittoresques qu'exactes en général. J'ai moi-même eû l'occasion d'en dire autrefois quelques mots dans une revue algérienne disparue aujourd'hui. Je crois inutile d'insister à nouveau sur le sujet, car si ce centre est important de par le nombre de ses habitants, de par le chiffre de son commerce, il faut ajouter qu'il puise seulement bien peu de ses éléments de prospérité dans le Titteri.

Ses habitants vivent surtout du commerce avec les tribus des steppes et les régions du Sud, dont Bogari est l'entreprôt.

On y rencontre cependant quelque industrie, des kabyles armuriers, maréchaux ferrants, garçons de bains maures, des Bou Saadiens tailleurs, des juifs ferblantiers, menuisiers, cordonniers, bijoutiers, des Médéens musulmans marchand de légumes ou maçons, une forte colonie de Mozabites dont l'activité s'étend concurremment avec celle des israélites, au commerce des tissus, des articles à l'usage des indigènes, de graines, de laines et de moutons. Mais les gens du

---

(1) عين العـليميـة

(2) Le nom indigène est *Bokhari* بوخارى , du nom de son fondateur *Sidi Elbokhari*.

Titteri, les Ouled Mokhtar et les Mfatcha, un peu aussi les Ouled Maarreuf, ne forment qu'une très petite part de leur clientèle d'acheteurs ou de vendeurs.

Quant aux européens, ils vivent surtout du transit des marchandises entre les villes du Nord, principalement Alger, Djelfa, Lagouate, le Mzab. Une très grande partie d'entre eux est de souche espagnole.

Bogari est donc, avant tout, le port des steppes de la province d'Alger, comme Tiaret un de ceux des steppes de la province d'Oran ; Bogari peut vivre et prospérer sans le Titteri ; si celui-ci rompait avec lui toutes relations, il n'en souffrirait que dans une mesure très relative.

Chellala des Adaoura [1]. — Chellala des Adaoura est au contraire peu connu. C'est un centre encore à l'état de formation, tout à fait à l'extrémité orientale de la crète du Kef Lakhdar. A près de 1,000 mètres d'altitude, au pied des rochers, il couronne les ondulations argileuses qui vont mourir sur la dépression de l'oued Maamoura et de l'oued Leham. Du village, la vue s'arrête à l'Ouest aux pittoresques crètes de grès qui le dominent et au piton du Gourine. Mais au Nord elle s'étend largement sur la belle suite de domes boisés et d'un bleu sombre du *Dira*, qui fuit vers l'Est en se continuant par l'*Ouennoura*, les *Driate*, l'*Amris*, jusqu'au Maadid, à l'horizon ; tandis qu'au Sud, passant par dessus les hauteurs d'*Ennéga* et du *Kef Afoul*, elle va se perdre à d'immenses étendues dans les steppes et dans le Hodna.

Il n'y eut d'abord, à l'origine, à Chellala qu'une simple maison de commandement, un *bordj*, comme on dit dans le pays, construit il y a quelque quarante ans, sur un plan assez vaste, pour loger les deux caïds des Adaoura Chraga et Reraba. Mais de bonne heure ces caïds l'abandonnèrent et le bordj ne servait plus que de refuge passager aux fonctionnaires en tournée, civils ou militaires. Il y a quelques années on y installa le détachement de remonte qui vient chaque année s'y installer avec quelques étalons, du printemps à l'été. Un jardin, un verger, créés autour existent toujours et sont en bon état de prospérité.

Mais depuis cinq ans un village a pris naissance spontanément sur le plateau qui domine la source, à 300 mètres du bordj. L'initiative serait due au caïd des Adaoura Reraba, Si Mohammed ben Ahmed, fils d'un brigadier de spahis qui servit à Bou Saada sous les ordres du bien connu colonel Pein. Bloqué avec son père à Sidi Mançour en

---

(1) شـلالـة الـعـذاورة

1871, Mohammed alors tout jeune, fut nommé brigadier des cavaliers auxiliaires par le général Cerez, en raison de sa belle conduite. Il fut depuis spahis, puis cavalier planton à la légation de France à Tanger au moment où M. de la Martinière y était ministre ; il en partit nommé caïd aux Adaoura Reraba.

Dans les premiers temps de son arrivée il obtint du Gouvernement, non sans peine, paraît-il, la création d'une école arabe-française à Chellala. D'abord nomade, l'école fut au bout d'un certain temps, grâce aux efforts du caïd, transformée en école fixe. Pour attirer des élèves, il usa du moyen suivant : il fit construire sur le plateau une maison pour lui-même, un magasin à grain, des boutiques et une écurie, un fondouk, qu'il loua ; puis il promit 20 mètres carrés de terrain à côté à tous ceux de ses administrés qui voudraient l'imiter, à condition qu'ils enverraient leurs enfants à l'école. De la sorte naquît le village, sur les ruines d'une ville romaine qui fut important_ tante et que l'on peut voir aujourd'hui pour ainsi dire renaître de ses cendres.

Les maisons s'alignent sur les trois côtés d'un immense rectangle occupant tout le plateau ; c'est là que se tient le marché. A l'Ouest et au Nord les maisons des Adaoura Reraba ; à l'Est celle des Adaoura Chraga, très peu nombreuses encore. Au Sud la place finit en terrasse, soutenue par les restes du rempart romain. C'est de là surtout qu'on découvre l'admirable panorama des steppes et des Monts du Hodna. L'école se trouve plus bas, sur un second plateau, en allant vers le bordj, en plein milieu des ruines romaines.

Les maisons de Chellala sont pour la plupart des magasins desti-nés à renfermer les grains ou les laines, des boutiques occupées par des marchands kabyles ou juifs venus de Médéa. Il y a aussi deux fondouks, un café maure, une gargotte à l'usage des indigènes tenue par une espagnole qui a longtemps vécu dans la province d'Oran et qui fait admirablement la cuisine arabe ; quelques ateliers de me-nuiserie, forge, etc. Au Nord du plateau se trouvent le tribunal du Cadi et les maisons de commandement des caïds.

Parmi les personnes qui, les premières, accueillirent avec empres-sement l'idée du caïd Mohammed de construire à Chellala, il est juste de citer Si Ennadir ben Elhadj Ahmed ben Ettahar, de la fraction maraboutique des Ouled Sidi Mohamed bel Kheider des Adaoura Reraba. Si Ennadir a de plus construit une ferme et une maison d'habitation sur de vastes proportions, un peu plus au Nord, à l'Oued *Guergour*, tête de l'Oued *Tafraout*. Il les a distribuées et ornées suivant le goût de Médéa, car il a épousé la petite fille du bey Hassen, qui fut un des derniers chefs Turcs de Médéa. L'une des choses les plus originales de cette maison est une grande cheminée d'encoignure, à deux faces, telle que l'hiver un nombreux cercle d'amis puisse prendre place autour.

Parmi les Adaoura Chraga l'empressement à construire a été moindre ; le caïd est une des rares personnes de la tribu qui aient consenti à le faire.

Nous parlerons plus loin de la population européenne qui commence à se grouper à Chellala.

Aïne Boucif [1]. — Aïne Boucif, occupe une position à peu près centrale dans le massif du Titteri. A l'origine il n'y eut également là qu'une maison de commandement, bâtie comme les caravansérails de la route de Lagouate, avec des logements voûtés disposés sur les côtés d'une cour intérieure et des meurtrières aux murs ; édifice remarquable seulement par son extraordinaire humidité, car il repose sur une nappe aquifère. Il a conservé sa destination primitive.

A une centaine de mètres plus à l'Est, le caïd Mohamed ben Labiod construisit il y a une huitaine d'années une habitation importante, luxueuse même à l'intérieur, un peu à la mode Algéroise ou Médéenne. Depuis qu'il a quitté le pays cette maison est louée à un Européen qui essaye de faire dans le pays du commerce et de la culture. Un autre Européen a construit en face, de l'autre côté d'une grande place, une maison assez grande aussi ; un moulin à vapeur, le local de la remonte, quelques boutiques, quelques petites maisons complètent cet embryon de village, qui prendrait probablement quelque extension si des terres y étaient mises en vente comme lots urbains.

§ 10. — *Les ruines.* — De même que Chellala des Adaoura, Aïne-Boucif s'élève dans une région où les ruines sont fréquentes. Partout ailleurs dans le Titteri on trouve en grand nombre des traces d'anciens établissements de sédentaires, et le pays, qui semble devoir faire retour à la vie agricole en se couvrant de hameaux et de fermes, ne fait que reprendre son ancien aspect.

Les ruines les plus anciennes que l'on rencontre sont des tombeaux circulaires, du type des chouchets ou des tumuli, dont la multiplicité semble indiquer que le pays fut autrefois bien peuplé. On en voit un peu partout, jusque sur les sommets, dans les lieux les plus sauvages, et quelques-uns sont de taille respectable.

On trouve ensuite des ruines de villages indigènes dont l'âge est malaisément définissable ; mais certains au moins doivent remonter

---

(1) عين بوصيف

à une notable antiquité, car j'ai trouvé dans les centres, au milieu des décombres, de nombreux fragments de silex éclatés ou grossièrement taillés. L'un d'eux occupe le sommet du Taragraguet. Toujours ils se rencontrent dans des lieux escarpés, faciles à défendre. A cette même catégorie de ruines appartiennent les abris sous roche de *Kifanc Elhammam*, qui servent encore aujourd'hui aux indigènes, comme je l'ai dit, dans les mêmes conditions qu'aux hommes de l'âge de la pierre, dont les débris d'outil jonchent le sol.

Mais les ruines les plus intéressantes datent de l'époque romaine. Nombreuses, quelquefois importantes, elles prouvent que le Titteri fut entièrement et profondément soumis à l'influence des Romains. Je n'en ferai point la description, celle-ci devant être plus à sa place dans une étude détaillée, mais je ne puis me dispenser de citer les principales : *Chellala des Adaoura* dans l'est ; *Aïne Elqçar* un peu plus au Sud ; *Yachir*, au Nord, dominant le Tléta des Douairs ; *Benia*, au Centre ; *Aïne Touta*, au Sud ; *Saneg*, l'ancienne *Usinaza*, non loin de Bogari. Ce sont là les restes de cités qui furent importantes ; mais on en trouve d'autres, qui semblent jalonner des routes ayant pu conduire de Chellala au Tleta des Douairs par Benia ; à Berrouaguia par l'Oued Tafraout ; à Sidi Aïssa en tournant le Kef Afoul par le Sud ; enfin une route, peut-être frontière, devait passer par *Sidi Aïssa, Grimidi, Aïne Elqçar, Aïne Touta, Saneg et Bogari*. Les pistes arabes qui recouvrent peut-être leur emplacement sont jonchées de débris. Les abords de Chellala en sont particulièrement riches ; ils semblent avoir été couverts de fermes et de hameaux nombreux.

§ 11. — *Monuments religieux.* — De nombreux cénotaphes [1] de santons parsèment le Titteri, construits toujours sur un plan uniforme : une chambre carrée qui renferme la tombe, puis une coupole ovoïde. Assez souvent un toit pyramidal supporté par huit piliers carrés, dont quatre aux angles, coiffe cette coupole et la protège des intempéries ; tel est par exemple le *Sidi Ali ben Farcs*, sur la crète qui sépare la vallée de l'Oued Oroua de celle de l'Oued Elhakoum à la fin du Kef Fégnouna. Ce mode de construction où se combinent la coupole des régions de plaine, des régions sèches, du Sud et du littoral, avec le toit de tuile des pays berbères et des montagnes [2], se retrouve aux abords du Titteri dans les cénotaphes de *Sidi Naji* près de Berrouaguia et dans la chapelle élevée près de Bou Guezzoul

---

(1) Appelés *Goubba* قبّة dans le pays.

(2) Dans beaucoup de pays berbères les cénotaphes de Santons, appelés ordinairement *Jéma* جامع ne se distinguent guère des maisons ordinaires.

en l'honneur de Si Mohamed Bel Gacem, le célèbre chef religieux
du Hamel, près de Bou Sâada, mort il y a quelques années.

Le plus ancien cénotaphe du Titteri est probablement celui de
Sidi Mohamed Ould Elbokhari, l'un des saints les plus vénérés du
pays, fils du fondateur du *Qçar Elbokhari* et peut être l'un des
hommes qui contribuèrent à répandre l'islamisme dans le pays. La
tradition nous le représente en effet comme tirant les habitants de
la sauvagerie où ils s'étaient plongés ; or ceci se passant bien après
la grande invasion arabe, on peut penser que la barbarie avait reparu
après la ruine des dernières traces de l'influence romaine et byzan-
tine. Le cénotaphe dont il s'agit est un monument de dimensions
plus grandes que celles qu'ont généralement les monuments ana-
logues, surmonté d'une coupole ovoïde un peu pointue, très élevée. Il
se dresse dans un lieu sauvage et désert, sur une petite crête nue
entre des cimes rocheuses plus élevées qui le dominent de loin. Sa
masse lourde, en ces lieux déjà mélancoliques, communique à l'âme
une certaine impression de tristesse [1].

§ 12. *Ecoles.* — Les indigènes du Titteri sont absolument illettrés
au point de vue arabe. Il n'y a chez eux ni écoles arabes ni zaouiyas
Seul l'Aga Abdelqader ben Djilali fait faire un petit cours d'instruction
coranique aux enfants de son voisinage immédiat ; quelques rares
Tolba peuvent exister ça et là et donner de même quelques rudi-
ments à des enfants peu nombreux. Mais ceux qui veulent réellement
s'instruire, st l'on en voit guère, doivent aller en kabylie, au Tizi
Berth ; jadis ils allaient au Hamel, près Bou Saada, avant la mort
du chef de la zaouiya, Si Mohammed Bel Qacem ; ou bien à la
zaouiya de Bogari, maintenant en pleine décadence, chez le cheikh
Elmiçoum ; quelquefois ils peuvent étudier chez le cheikh Si Larbi
Ben Ettahar, au camp Morand, entre Bogar et Bogari mais sans
grandes chances d'y apprendre quelque chose de sérieux.

Des écoles arabes-françaises existent à Chellala des Adaoura, à
Aïne Boucif, à Bogari. Les deux premières comptent une vingtaine
d'élèves : la dernière bien davantage, mais, comme elle n'est fré-
quentée que par les enfants du village, elle n'offre pas d'intérêt au
point de vue particulier qui nous occupe. Les élèves des écoles
d'Aïne Boucif et de Chellala sont uniquement les enfants du voisinage
le plus immédiat ; beaucoup de parents les y envoient par contrainte

---

(1) On sait que le style des cénotaphes des santons varie beaucoup suivant
les régions du Nord de l'Afrique, conservant une certaine harmonie dans
chacune.

plus que par goût [1]. Cependant les Kabyles et les Juifs fixés à Chellala donnent l'exemple ; leurs enfants sont parmis les plus assidus. La plupart savent déjà causer un peu le français, rédiger une lettre grosso-modo, faire un compte.

La création d'écoles est certes justifiée dans les endroits où existe déjà un noyau de sédentaires, avec quelques industriels et commerçants. Cependant l'école de Chellala ne fut obtenue qu'avec difficulté paraît-il.

Il serait à souhaiter qu'on en établit une au Tléta des Douaïrs qui se trouve dans une situation assez analogue à Chellala. Elle rendrait sans doute plus de services que telle autre chez des nomades, ou que celle de Délia, chez les Ouled Anteur, endroit où n'existe aucune population agglomérée, pays où, l'hiver, les enfants sont empêchés par l'abondance de la neige de franchir les quelques kilomètres qui séparent leur hutte de la salle d'étude.

§ 13. *Caractère des indigènes du Titteri.* — Les indigènes du Titteri sont encore très frustes ; cependant ils commencent à se dégrossir, comme le prouvent les modifications qui s'introduisent peu à peu dans leur manière de vivre, et l'on peut même noter quelques différences entre les gens du cœur du massif, comme les Ouled Alane réputés pour leur brutalité, et ceux de la périphérie, comme les Mfateha, les Ouled Moktar dont les mœurs s'adoucisssent au voisinage du centre de Bogari ; comme les Douaïrs, chez lesquels vivent autour de l'Aga Ben Djillali, des maures de Médéa, chez lesquels viennent des européens, pour lesquels enfin la famille du grand chef est un foyer d'urbanité [2].

Cependant si les gens du Titteri sont encore grossiers, ils ne manquent pas d'une certaine politesse rustique, qui, si elle n'est point toujours conforme à celle des Européens, est au moins l'indice de sentiments assez accueilllants et d'un bon naturel. Volontiers ils se

---

(1) Il n'en est pas de même à Bogari où la clientèle de l'école est nombreuse et s'y rend sans contrainte.

(2) J'ai remarqué souvent que les indigènes les plus arriérés gagnent souvent plus au contact d'autres indigènes déjà dégrossis ou des Maures policés des villes du Nord, qu'au contact direct d'Européens, trop éloignés d'eux. Dans la partie de la province d'Alger qui nous occupe, notammet, l'influence des Médéens est excellente et surpasse de beaucoup, par ces effets, tout ce qu'on peut attendre de relations directes des gens du pays avec les Européens. Il est vrai d'ajouter que beaucoup de ces derniers sont moralement très inférieurs à bien des musulmans des villes. Mais le fait que je note est vrai, même indépendamment de cette restriction.

renseignent sur ce qu'ils ne connaissent pas, sont assez hospitaliers, regardent l'étranger, même européen, sans animosité, aiment à causer avec lui, lui rendent service au besoin. Ni leur superstition n'est très outrée, ni leur fanatisme très ancré, et d'esprit vraiment religieux ils n'en ont guère ; ceci dit, bien entendu, en faisant la part des choses ; en tenant compte du milieu dans lequel ils ont vécu depuis leur enfance, de l'éducation bornée qu'ils ont reçue. Les réunions autour des tombes des santons sont avant tout des fêtes locales, l'occasion de faire parler la poudre, de s'habiller, de parader à cheval devant les femmes.

Les gens du Titteri sont au fond, des paysans, des éleveurs qui désirent voir prospérer troupeaux et récoltes et pour qui les choses de l'esprit et celles de la religion n'ont d'importance que celle qu'on leur a appris à leur donner. Mais ce qui leur tient au cœur, c'est l'état du ciel, celui du temps, la pluie, le froid, la chaleur, qui feront grossir le blé ou bien maigrir les moutons ; ce qui les intéresse au premier chef c'est le cours de la laine ou celui des orges.

Cependant il y a des contrastes ; facilement chevaleresques, ils sont plus près du nomade que du kabyle. Ils n'ont du dernier ni l'âpre amour de la terre — dont ils se débarrassent même un peu trop facilement quelquefois, — ni l'adoration exagérée du gain, ni la perfidie, ni le caractère frondeur, rebelle, hargneux. Passablement insouciants, souvent trop, bons cœurs en général, amoureux de leur indépendance, ils ne sont pas cependant hostiles au chef par principe. Sociables, ils sont en même temps violents, entêtés, d'un amour-propre qui dépasse toute limite ; très froids en apparence, parlant peu, riant moins encore, toujours sérieux et graves, ils sont au fond horriblement passionnés ; essentiellement mobiles, instables, et pourtant obstinés, très constants, très fidèles dans leurs amitiés ; on voit l'astuce et la générosité, l'esprit foncièrement pratique et l'enthousiasme le plus échevelé, se partager leurs âmes ou mieux y régner tour à tour.

Le juste milieu, ils l'ignorent à peu près constamment ; ils sauront ainsi recevoir magnifiquement si le cas le comporte, donneront sans compter, se ruineront pour une fête, dans un accès de charité ou de dévotion subit ; mais beaucoup ne se feront aucun scrupule de s'approprier le bien d'autrui. Peut-être se feront-ils tuer pour sauver la vie de celui auquel ils ont donné leur parole, mais ils verseront le sang, avant même de s'en rendre compte, dans un moment de colère ou de jalousie, et ils n'en auront pas regret. Beaux parleurs, quand ils veulent, amateurs de poésie, de chevaux, de femmes, de chasse et de guerre, généreux, ils n'hésiteront pas d'autre part à tromper en affaires, ou même ils y mettront une certaine coquetterie, car ils voient dans l'astuce commerciale la marque d'une supériorité qui flatte leur orgueil.

Leurs plus grands défauts sont précédemment cet orgueil, qu'ils prennent pour de la dignité, l'indolence, la paresse, le manque de prévoyance et l'amour du plaisir pour lequel ils dépensent follement et sans compter jusqu'à leur dernier sou, pour lequel ils donneront leur vie, si la passion les tient au cœur. Et ces défauts qui parfois couvrent d'un charme la personne des grands seigneurs conduisent plus directement encore un très grand nombre à devenir de fieffés criminels.

S'il y a des contrastes dans leur âme, il y a des nuances aussi parmi eux ; non point de caste à caste, de telle classe sociale à telle autre, car tous sont les mêmes et de castes il n'y en a point, tel, riche aujourd'hui, puissant et chef pouvant demain mourir le dernier des bergers ; mais de tribus à tribus, suivant le sang. Les Ouled Alane, par exemple sont réputés pour leur plns grand amour de la terre qui s'accompagne d'une générosité moindre. Atrocement voleurs, turbulents, querelleurs, ils sont incommodes pour leurs voisins au dernier point. C'est ainsi qu'en été, quand les moissons mûrissent, ils coupent les chemins qu'ils ont eux-même labourés, prétextant qu'ils traversent leurs champs, et ils les gardent, armes à la main [1]. Et la fraction du Hannacha des Mfatcha, toute voisine de Bogari, passe pour l'une des plus dissolue ; presque tous les hommes y sont joueurs.

§ 14. *La sécurité.* — S'étonnera-t-on après cela que la sécurité soit un mythe dans la plus grande partie du Titteri. Aux abords du Taragraguet les *Abaziz* [2], dont les méfaits s'étendent partout à la ronde, jouissent d'une triste célébrité. L'impunité leur est, il est vrai, plus facilement acquise, car ils confinent à trois juridictions différentes ; Bogar, Bogari et Berrouaghia, de sorte que suivant les besoins, ils passent du territoire de l'une à celui de l'autre. Chez eux au moment des récoltes, tout propriétaire qui veut voir la couleur de son grain doit veiller la nuit fusil au poing.

D'autre part les Ouled Alane n'ont guère à leur envier, et les Adaoura commencent à peine à se transformer de bandits en agriculteurs. L'initiative prise par quelques chefs de propager la culture et

---

(1) Beaucoup d'Européens font de même dans les pays où ils s'installent pour coloniser, il faut l'avouer.

(2) **Fractions des Ouled Maareuf.**

l'habitat sédentaire parmi eux y sont pour quelque chose ; mais il ne faut pas oublier non plus l'ample moisson de mauvaises têtes envoyés au bagne par le caïd Mohammed.

Les Titteri se disent au contraire assez tranquilles, et les Douaïrs les Ouled Mokhtar, les Mfatcha le sont relativement,

Une conséquence heureuse, mais bien inattendue, de cet état d'insécurité dans le Titteri, c'est l'obligation où se trouvent tous ceux qui ont les moyens pécuniaires, de construire des maisons d'habitations solides, des magasins, des écuries pour se mettre à l'abri des coups de mains et des attaques nocturnes. C'est le cas de le dire, quelquefois à quelque chose malheur est bon.

A. JOLY.

TROISIÈME PARTIE

Régime économique.

§ 1. — *La propriété.* — Les terres sont *melk*, c'est-àdire possédées à titre individuel, dans tout le Titteri ; mais, depuis un an, des instructions venues d'Alger ont interdit toute transaction portant sur les terres en territoire militaire. Les indigènes en ont conclu, à tort ou à raison, que le Gouvernement projetait de faire passer les territoires en question au régime civil. [1]

Une assez bonne partie des terres des Mfateha, des Ouled-Hamza, des Douaïrs ou des Rebaïya est entre les mains d'usuriers juifs ou mozabites de Bogari, à titre de réméré, et, bien probablement, elle ne fera jamais retour à ses premiers propriétaires.

En général les propriétés sont grandes dans les Ouled Alane et les Adaoura ; certains de ces derniers détiennent jusqu'à 5 à 600 hectares, d'un seul tenant quelquefois. Elles le sont beaucoup moins chez les Ouled Mokhtar, chez les Mfatehas, où la propriété a subi dans ces dernières années de nombreuses mutations, quoiqu'on y rencontre encore des terres étendues ; il en est de même ailleurs, sans que nulle part, cependant, prévale la petite propriété, sauf exceptionnellement autour de quelques hameaux de sédentaires purs, qui se livrent à la culture des jardins et des vergers.

En général aussi presque partout la propriété est très enchevêtrée ; les bornes sont assez mal définies, des titres réguliers manquent souvent et les ayant droits sont nombreux, parfois innombrables, avec des droits très ordinairement des plus mal établis ; c'est une suite de l'indivision dans laquelle se complaisent les indigènes et qu'ils font durer le plus qu'ils peuvent, en partie pour éviter, par un

---

(1) En quoi ils ne se trompaient pas, puisque ce passage a eu lieu pendant l'été ou l'automne 1905.

maladroit calcul, les frais de règlement d'héritage. [1] D'où une
source inépuisable de procès sans fin, qui ruinent des familles
entières et ne profitent qu'aux agents d'affaires et aux usuriers auxquels ils servent de suppôt.

Le Domaine possède des terres un peu partout dans le Titteri,
notamment à Saneg, Aïne Boucif, Chellala et partout où il y a des
ruines ; mais surtout au bas de la vallée de l'Oued Elhakoum où le
domaine de \l'ancienne *Zmala de Moudjebeur*, qui lui a fait retour
depuis longtemps, était destiné en principe, dernièrement, à servir
à l'établissement d'un village de colonisation.

§ 2. — *La culture.* — La culture, surtout celle de céréales, orges
et blés, est le principal revenu du Titteri.

Sauf rares exceptions, les terres sont très fertiles ; mais, bien
entendu, elles se limitent aux bas fonds, aux pentes, à l'exclusion des
sommets rocheux et des landes caillouteuses. Ces terres sont souvent
fortes, puisqu'elles recouvrent les argiles à huitres presque partout ;
elles ont tendance à se détremper trop en hiver, à se crevasser trop
profondément en été ; cependant les sables que le ruissellement
arrache aux grès tempèrent en partie ces inconvénients. Les alluvions
des vallées, malheureusement restreintes, sont excellentes. D'autre
part, la présence du gypse abondamment contenu dans le Titteri à
l'état d'extrême division dans toutes les argiles et les marnes ; celle
de calcaires plus ou moins phosphatés et de véritables phosphates
que les pluies délaient, dissolvent et transportent un peu partout,
qui remontent ailleurs par capillarité avec les eaux du sous-sol,
encore autant de cause de fertilité. Grosso modo, on peut classer
comme fortes les terres des Adaoura, celles des centres du massif,
celles de l'Oued Oroua ; comme argilo-sableuses ou même sableuses ou
encore sablo-calcaires celles du noyau de Ben Haoua et du sub plateau du Hannacha. Dans ce dernier la teneur en calcaire est parfois
forte, à cause de la présence de la croute, ou tout au moins de con-
crétions calcaires, qui forment le couronnement du pliocène récent.

Dans les terres sableuses, légères, les céréales viennent de très
bonne heure. J'ai vu l'orge thaller près de Bogari, à Chaab Ben
Youceuf, le 10 Mars ; tandis qu'il thallait seulement vers la mi-Avril
auprès d'Aïne Boucif. Il est vrai qu'il faut tenir compte aussi de

---

(1) Ce n'est pas la seule cause, il est vrai. Dans des pays pauvres ou mal exploités
encore, avec le mode de vie des indigènes, l'indivision se justifie à certains titres,
quoiqu'elle présente aussi de sérieux inconvénients. Mais c'est une question trop
grave pour la discuter ici.

l'altitude. Mais, dans ces terres, le blé se nourrit moins bien que l'orge, qui, par contre y réussit fort bien ; alors que dans les ondulations argileuses, comme par exemple dans les vallées de l'oued Oroua, autour d'Aïne Tleta, dans les vallées d'Aïne Boucif, sur les pentes des Adaoura, le blé dur acquiert une grosseur remarquable. C'est là que se trouve ce magnifique *blé dur corné*, dit *Fèci* [1], universellement apprécié dans la province d'Alger toute entière. Celui d'Aïn Tléta, à la limite des Mfateha et de Ouled Mokhtar, est célèbre dans les fastes des marchés avec les nomades.

Les labours se font à une époque très variable, comme partout en pays arabe, suivant l'état du temps, car ils commencent avec les premières pluies pour se continuer tant que la sécheresse ne survient pas pour durcir la terre ou que des pluies trop violentes ne la transforment pas en nappe de boue. Le premier accident ne se produit guère que dans les parties basses et les labours n'y sont pas souvent possibles après Février, sauf dans les années froides et humides ; le second n'est jamais à redouter, toujours sauf exception, que dans les parties élevées ; mais là, en revanche, on laboure aisément jusque fin Mars. Cependant tout cela n'a rien d'absolu.

Les indigènes labourent avec des chevaux ou des bœufs, quelquefois avec un animal d'une espèce ou de l'autre : mais presque jamais les terres ne sont assez légères pour que des ânes suffisent à trainer la charrue. Dans le cœur du massif on attelle ordinairement deux bœufs ; par contre certaines terres sableuses du midi supportent le travail au moyen d'un seul animal.

C'est encore avec la vieille araire [2] romaine qu'on laboure, sauf dans les Adaoura où la charrue fixe commence à se propager depuis quelques années et semble devoir bientôt supplanter sa rivale.

Dans cette même tribu quelques cultivateurs pratiquent le hersage ; mais nulle part on ne s'occupe du sarclage.

La fumure est inconnue ; cependant on doit considérer que la dépaissance des troupeaux dans les champs, où les chaumes demeurent très haut et très tard après les moissons, que le parcage des moutons au dehors, ont pour effet d'y suppléer dans une certaine mesure. D'autre part la jachère est régulièrement pratiquée ; elle est facilitée par l'étendue de la propriété ; les champs se recouvrent, pendant la période de repos, de plantes fourragères parmi lesquelles abondent les légumineuses et qui sont d'ailleurs d'excellents pâturages.

---

(1) فاسي

(2) Il ne faut pas trop se récrier ; il en est encore de même en bien des endroits du plateau central, en France.

Tout autre mode de rénovation du sol semble provisoirement impossible dans le pays.

L'époque de la moisson varie beaucoup aussi suivant l'année et les lieux ; elle est naturellement en relation avec celle des labours, mais surtout avec la température. Terme moyen, on peut admettre qu'elle se fait du 20 Mai au 20 Juin dans les parties basses, du 10 Juin au 10 Juillet dans les parties hautes. L'orge a toujours une bonne quinzaine d'avance sur le blé.

On moissonne toujours très haut, de façon à laisser sur pied beaucoup de paille que les bestiaux viendront manger sur place. On évite en même temps ainsi de salir la paille et le grain avec toutes les graines des plantes parasites moins élevées que l'orge ou le blé.

Le dépiquage est le seul mode d'égrénage employé partout. Les meules de paille sont toujours peu élevées et simplement recouvertes de jujubier, quelquefois d'un peu de terre ; elles sont de petite taille.

Le rendement varie du simple au décuple suivant les lieux et les années. On l'estime à 4 ou 5 en moyenne chez les Adaoura ; à l'oued Elhakoum les Indigènes disent qu'une terre bien soignée peut donner jusqu'à 10 ou 15 dans les bonnes années, plus même quelquefois ; mais fréquemment elle ne donne absolument rien dans les mauvaises ; de sorte que, bon an mal an, il faut s'estimer heureux d'y vivre en travaillant et en se donnant de la peine, assez à l'aise mais sans grand profit. Les conditions sont peut-être un peu plus favorables ailleurs dans le Titteri, qui est, dans l'ensemble, une belle région agricole, mais cependant il faut se garder des exagérations et surtout ne pas croire que le rendement puisse s'élever beaucoup en perfectionnant les procédés de culture. En effet le climat est sujet à de trop grands écarts pour qu'il n'y ait pas de grands aléas à redouter. On peut dire seulement que, plus on pénètre à l'intérieur du massif, plus on s'élève et moins grands sont les risques : car c'est surtout le sirocco et la sécheresse qui sont à redouter dans les parties basses, surtout quand ils surviennent au moment où se forme le grain ; s'ils ne réduisent presque jamais à néant les récoltes, comme cela se produit bien souvent dans les steppes, du moins ils les diminuent fortement. Au contraire dans les parties élevées on craint l'excès de pluie qui fait pourrir les racines ou bien étouffe la tige sous le foisonnement excessif des herbes parasites. Alors se produisent les champs clair semés, les grains maigres. En Juin 1904, dans les Mfateha, l'orge, qui avait souffert de sécheresse du 2 au 15 Mai, pesait seulement 8 kilos le double décalitre, 10 au maximum, alors que la moyenne est de 12 et le maximum 14 ; mise au moulin arabe cette orge ressortait intacte.

Dans les bonnes années le blé peut atteindre 18 kilos le double décalitre en moyenne.

Les Indigènes du Titteri n'ont jamais assez de bras pour moissonner, bien que toute la famille s'en mêle, hommes et femmes, grands et petits, sauf chez les gens aisés. Aussi louent-ils des Indigènes venus de Kabylie, de la Mitidja pour les aider dans ce travail. On appelle ces mercenaires des *Mekérine*. [1] Leur salaire varie dans de grandes limites suivant les cas, suivant l'abondance avec laquelle ils affluent, suivant que la maturité des grains s'échelonne ou se produit d'un seul coup à la fois. Mais on peut admettre que le prix de cette main d'œuvre tend à devenir de plus en plus cher. A la Mi-Juin 1904, à Aïne Boucif, on payait le Mekérine 2 francs 50 par jour, prix très élevé, tandis qu'on leur donnait seulement 1 franc 50 à Chellala, 2 francs dans les Adaoura Chraga, 1 franc 75 à 2 francs dans les Mfateha, Mais chez ces derniers on ne les avait payés que 1 franc par jour au début.

Ces ouvriers agricoles sont presque toujours consciencieux ; on en cite cependant quelques uns qui, au moment de la presse, se sachant indispensables, en profitent pour prendre leur aises ; on m'a parlé de l'un d'eux qui se permettait ainsi de faire seulement sa douzaine de gerbes dans la journée. Mais ce fait doit être considéré comme très exceptionnel,

Le travail des Mekérine commence avec le jour, et dure tant qu'on y voit assez pour travailler ; on leur accorde un repos d'environ deux heures pour faire la sieste au moment de la grosse chaleur. Ils sont nourris, mais sommairement ; une galette de blé dur au déjeuner (autrefois, on leur donnait souvent du pain d'orge), le plus souvent avec du lait de beurre ; le soir du couscous. Eau à discrétion sur le champ du travail et le droit de coucher sur le sol nu comme ils l'entendront. Depuis un an la coutume commence à s'introduire de leur donner du café le matin et aux repas.

Les outils, une faucille, sont à eux ; on les engage sur les marchés

---

(1) Ce sont les ganans d'Andalousie, qui gagnent en moyenne 5 à 6 réaux par jour, rarement plus, (1 peseta 25 à 1 peseta 50) et qui sont à peine mieux nourris que les Mekérine. Dans le Forez, dans le Vivarais, les ouvriers agricoles qui se louent pour les vendanges ne sont pas bien luxueusement payés ni nourris, eux non plus. Mais le manque d'instruction des Mekérine n'a pas encore permis chez eux l'introduction de ces doctrines égalitaires qui donnent un caractère terrible à la question sociale en Andalousie. Aussi malheureux matériellement que leurs frères de ce pays, leur esprit, encore plongé dans l'obscurité de l'ignorance, leur fait du moins sentir moins vivement le poids de leur malheur et la haine du plus riche n'a pas encore germé dans leur cœur.

où ils se tiennent debout, par groupes, presque toujours avec un chef qu'ils ont choisi et qu'ils suivent pendant la campagne. Il n'a droit à aucune prérogative, mais c'est lui qui débat les conditions en sa qualité de vétéran ou de plus avisé : l'engagement a lieu non pour un temps de, mais pour un travail à faire, par exemple pour un champ à moissonner. Mais ils savent calculer à peu près d'avance ce qu'il leur faudra de jours pour en finir.

De marché en marché, de tribu en tribu, les Mekérines vont pendant toute la saison des moissons poursuivant leur pénible existence ; après quoi ils retournent chez eux, presque tous avec un petit pécule. Les plus habiles achèteront avec la petite pacotille qui leur permettra de se faire marchands ambulants. Les autres vivront dans leurs montagnes, dans les jardins de figuiers de la plaine, payant avec cet argent quelque dette, achetant l'indispensable pour la famille jusqu'à la moisson prochaine.

L'écoulement des céréales se fait facilement dans le Titteri. De Bogari, du Tléta des Douaïrs, de Chellala, des marchands juifs expédient beaucoup de blé sur Médéa, sur Blida, où ils concourent avec ceux du pays, à alimenter les minoteries et les fabriques de pâtes si renommées. Mais les grands clients sont les nomades ; tous ceux des steppes, les Ouled Nayl, les Larba vont acheter des grains à Saneg, où les Turcs leur faisaient autrefois payer l'impôt avant de leur laisser vendre quoi que ce soit ; ils vont à Aïne Tleta, à Aïne Boucif ; les Rahmane, les Mouïadète, le Znakhra, les Sahari se rendent encore à Bogari, aux mêmes endroits, au Tleta des Douaïrs s'il le faut. A Chellala viennent les nomades du Hodna, quelquefois les Larbaa, les Ouled Djellel ; on y vit même une fois, récemment des Ouled Sidi Cheikh.

Quelques cultures prennent place après celles de l'orge et du blé, mais bien moins importantes ; ainsi celle du maïs, du sorgho, qui se fait dans les vallées où l'on peut irriguer. On sème au début de l'été, du 10 au 15 Juin, et non, comme dans le Hodna, après l'enlèvement des moissons sur les terres qui les ont portées. A l'Oued Elhakoum, où l'on ne peut irriguer faute d'eau, on se hâte d'avantage ; on sème à la fin du printemps, quand la terre contient encore assez d'humidité pour assurer la germination de la graine et la pousse de la jeune plante. Les indigènes apprécient beaucoup le maïs et le sorgho, qu'ils disent plus nourrissants que l'orge, qui se vendent plus cher et qu'ils emploient d'ailleurs aux mêmes usages, c'est-à-dire en grains, à la nourriture des hommes et des animaux.

On cultive encore sur une petite échelle les fèves et les pois chiches. Ces plantes poussent en général sans irrigations et viennent bien pourvu qu'il pleuve suffisamment. Les pois chiches se sèment vers Avril, sur un labour préliminaire ; on donne ensuite à la terre une seconde façon ; ils mûrissent vers la fin Juin.

Les fèves se sèment en hiver, en novembre ordinairement ; dans les Adaoura on donne trois labours à la terre qui doit les nourrir, et l'on sème avant le dernier. Dans la première huitaine de Décembre, en 1904, j'ai vu à Chellala des fèves déjà hautes de 4 à 5 centimètres, presque le double des céréales les plus avancées.

Du 1er au 15 Juin, suivant les lieux, on laboure aussi la terre dans les endroits propices, c'est-à-dire dans ceux qui sont irrigables, pour établir les jardins d'été, ceux où pousseront les melons, pastèques, concombres et citrouilles, ainsi que les navets et les pommes de terre. On sème les navets l'avant dernier jour de l'été arabe (en réalité fin Août) ; la culture de cette plante, ainsi que celle de la pomme de terre, se propage de plus en plus dans les Ouled Alane, les Adaoura, les Rebaïya et les Ouled Maarreuf.

On trouve ainsi des jardins, surtout au pied du Kef Lakhdar, à *Merjet Etteurk*, au fond de *l'Oued Malah de Harmela*, sur *l'Oued Tafraout*, sur *l'Oued Maamoura* : près des sources de la lisière sud, notamment *Aïne Rabiya*, *Aïne Sidi Bekhkouche*, *Aïne Touta* ; aux alentours d'*Aïne Boucif*, et de là jusqu'au *Taragraguet* autour de toutes les sources ; et aussi dans *l'Oued Oroua*, à *l'Oued-Elhakoum*, autour des pointes d'eau du noyau de *Ben Haoua*.

De ces jardins les uns sont temporaires, établis avec la charrue, sans aucune clôture ou simplement entourés d'épines sèches ; d'autres, permanents, ornés d'arbres fruitiers, sont entourés de haies de jujubiers auxquels se mêlent les plantes grimpantes et broussailleuses, la ronce ou le lycium suivant les endroits. Etablis sur les fausses berges de la rivière, le long du fil de l'eau dont les sépare un rideau de peupliers, adossés d'autre part à des collines escarpées et pénétrant au milieu, des ravins qui les entaillent, peuplés d'oiseaux chanteurs, ceux de *l'Oued Rherouf* sont charmants. La riche végétation de ceux d'*Aine Ettolba*, au pied du Kef Lakhdar, les rend magnifiques ; d'autres, dans une gorge rocheuse et pittoresque, entre *Aîne Boucif et Teqaza*, ressemblent à ceux de Kabilie, dévalant des pentes, entourés de murettes en pierre sèche, étagés en terrasse et sillonés par un sentier pavé, tortueux, où les figuiers et l'abricotier projettent leur ombre épaisse.

Il est encore de beaux jardins au pied du *Taragraguet*, accrochés aux sillons des flancs, et d'autres, qui l'ont été sans doute, sur la nappe pliocène, dans la grande combe nue et triste de *Chaab Han-*

nacha, près de Boghari ; les cimes de leurs arbres viennent seules
y apporter nn peu de grâce et de fraîcheur.

La plupart de ces jardins existent depuis une époque très lointaine ;
cependant beaucoup ont été créés depuis quelques années seulement ; ainsi bon nombre de ceux de Taragraguet furent établis il y a
dix ou douze ans par un ancien caïd nommé *Elgachtouli.* En revanche
d'autres ont souffert de l'abandon ou même ont été détruits, comme
ceux qui existaient jadis au pied du *Kef Mongar,* sur une des hautes
branches de *l'Oued Oroua,* qui renfermaient, parait-il, de superbes
treilles ; on dit qu'ils disparurent parce qu'ils étaient tombés entre
les mains d'un fils prodigue. Cependant le nombre des créations surpasse de beaucoup celui des disparitions ; les Adaoura, notamment
ont établi de nouveaux jardins et des vergers en grand nombre dans
ces dernières années : citons parmi les plus beaux ceux des caïds et
de *Si Ennadir ;* de sorte que l'arboriculture et le jardinage tendent
à prendre de l'extension en même temps que l'habitant se transforme, depuis que le pays n'a plus à craindre les luttes de tribu à
tribu et les razzias qui les désolaient autrefois.

Les espèces végétales que l'on trouve dans les jarpins du Titteri
sont assez variées : ce sont, avant tout, le figuier, l'abricotier, qui viennent très bien, sans irrigations ; le murier, le pêcher, l'amandier,
plus rarement le pommier, le poirier, le coignassier ; et, dans les
endroits de peu d'altitude, le grenadier, quelques néfliers du Japon,
de l'olivier de Bohême, appelé *Annaba* comme son voisin le jujubier ;
ses fruits sont très appréciés et les pieds de cet espèce croissent
avec une grande rapidité en prenant un fort beau développement.
Enfin il y a de belles treilles çà et là ; mais il est rare qu'un jardin
réunisse à lui seul toutes les espèces, sauf les plus beaux, les plus
grands, les mieux soignés. comme ceux des caïds des Adaoura, ceux
de Si Ennadir, déjà cités, ou ceux des Ouled Taleb à Aïne Ettolba.

Depuis cinq ou six ans les Adaoura plantent aussi l'olivier, qui
donne des fruits très très beaux, presque aussi gros que ceux des
fameuses oliveraies de Séville, universellement réputées, et produit
au bout de fort peu d'années. A Chellala des pieds de 4 à 5 ans
donnaient déjà une petite récolte assez appréciable.

A Chellala encore il y a de beaux saules dans le jardin du bordj, et
les branches qu'on en retranche annuellement, quand on les emonde,
servent à faire des provisions de bois qui sont loin d'être à négliger.

Tous ces arbres poussent naturellement plus ou moins bien, suivant
les endroits. A Aïne Touta les figuiers sont énormes ; sous certains
d'entre eux une cinquantaine de personnes tiendraient aisément à
l'abri, et dans les espèces de bocages qu'ils forment l'ombre est si

épaisse qu'il semble qu'il y règne une demi obscurité. A Aïne Ettolba les feuilles des mûriers noirs atteignent jusqu'à 20 ou 25 centimètres de longueur ; les jardins qu'ils ornent sont, avec leurs haies vives en lyciums et en ronces mêlées de roseaux, leur verdure luxuriante, parmi les plus beaux de tout le Titteri de même que ceux de Khang Refoua, entre Aïne Boucil et Teqaza, sont parmi les plus pittoresques. Dans ces derniers mêmes il y a encore de fort beaux muriers, mêlés à de très florissants pommiers et poiriers parmi lesquels grimpent d'immenses treilles.

Les grenadiers les plus vigoureux sont ceux de l'Oued Elkherouf et ceux de Benia ; ils fleurissent vers la Mi-Juin.

Enfin, il y a des vignes en ceps çà et là ; on en trouve une centaine de pieds dans les jardins des Ouled Taleb ; aux Mefateha un indigène en a planté une étendue de dix hectares, pied par pied, en trois ans.

Quant au figuier de barbarie il est rare encore ; les neiges et les gelées de l'hiver semblent lui interdire la région centrale du massif, de même qu'à l'agave. Ces plantes, si précieuses pour l'établissement des haies, sont confinées à la lisière ; elles viennent mieux que partout ailleurs dans la vallée de l'Oued Elhakoum, où elles ont moins à craindre le froid, les vents glacés de l'hiver, la sécheresse et le sirocco de l'été.

On trouve un assez grand nombre de peupliers autour des sources, et dans les jardins. On commence à apprécier l'ombre qu'ils donnent. Malheureusement ils sont le refuge d'une multitude de moineaux, cause intolérable de ravages pour les récoltes.

Mais tous ces jardins pourraient prendre plus d'extension ; certaines essences rendraient des services, qui pousseraient probablement très bien ; il faudrait les propager. Outre l'olivier, qui vient seulement de faire son apparition, on aimerait à rencontrer l'ormeau, le micocoulier, qui donnerait du bois de construction, de menuiserie et de chauffage ; le hêtre blanc, dont le feuillage pourrait contribuer à la nourriture des bestiaux en hiver ; le prunier, encore trop rare, et le noyer, qui réussirait sans doute au dessus d'une certaine altitude. [1]

D'autre part les indigènes manquent trop souvent de soin. Peu familiarisés avec des cultures nouvelles, ils n'y attachent pas assez d'importance, laissent trop facilement les bêtes pénétrer dans les jar-

---

[1] Il n'en serait peut-être pas de même du cerisier, si l'on se guide sur ce qui se passe à Bogar. Il pousse en cet endroit avec une rapidité telle que le tronc éclate et meurt au bout de peu d'années. Il faut pour prolonger son existence, fendre l'écorce de haut en bas, en renouvelant au besoin plusieurs fois l'opération d'année en année. Quelque chose d'analogue se produisait souvent à Médéa ; la cause en est peut-être un excès d'arrosage.

dins, casser les arbres, piétiner les semis. Il faudrait qu'ils apprennent la taille, la greffe, qu'ils s'habituent à bêcher le pied des arbres et à le fumer. Certaines terres ont besoin d'être chaulées, comme celles d'Aïne Boucif; rien de plus facile étant donnée la proximité des calcaires à silex, plus ou moins phosphatés. Il faudrait aussi, dans les lieux où le vent trop violent cause des ravages, comme à Aïne Boucif encore, faire des rideaux de cyprès autour des plantations et les recouper intérieurement avec des haies de roseaux. Il y aurait à faire un choix judicieux des essences suivant les endroits ; les coings viennent admirablement à Aïne Boucif ; les oliviers paraissent devoir donner de fort bons résultats à Chellala, de même que les abricotiers ; mais ceux-ci sont tout indiqués à la bordure sud du massif, où risquent bien moins de les atteindre les gelées de l'hiver, qui, trop prolongées, nuisent à la grosseur et à la qualité du fruit. [1]

Au lieu de faire, comme trop souvent, les haies en jujubiers secs, il faudrait des haies vives, soit en agave, soit en cactus, soit en ronces en églantiers, en lyciums, en aubépines.

Il faudrait planter plus de légumes, pommes de terres, navets, haricots, lentilles, pois chiches, dont la consommation pourrait se faire sur place.

Les irrigations sont restreintes à peu près à la lisière méridionale, où les jardins voisins des steppes en ont un absolu besoin. Mais il n'en est pas de même ailleurs, sauf pour les cucurbitacées et quelques légumes. Les irrigations les plus étendues sont celles de la plaine des *Abaziz*, dans le Sud des Ouled Maarreuf, qui profitent aux céréales aussi bien qu'aux cultures maraichères.

Or il y a suffisamment d'eau qui se perd dans le Titteri, par suite d'une mauvaise manière de l'utiliser, pour qu'on puisse à peu près quadrupler les cultures irriguées. Quand à celles qui ne demandent pas le secours de l'arrosage, comme celles d'arbres fruitiers dans la partie centrale, on pourrait aisément les décupler. [2]

On pourrait encore créer quelques prairies artificielles, soit en introduisant des légumineuses qui paraissent devoir bien réussir, à en juger d'après le grand nombre de celles qui poussent spontanément, soit en essayant de propager et d'améliorer, parmi ces dernières, les plus belles luzernes, les plus belles vesces, les plus beaux sainfoins, trèfles ou lupins.

---

(1) Des essais de culture de *lin* et de pomme de terre furent faits à Saneg, parait-il, au moment où les Ouled Mokhtar Chraga dépendaient du bureau arabe de Bogari. Ils donnèrent de bons résultats

(2) On se trouve donc dans de bien meilleures conditions que dans les oasis d'abricotiers des steppes ou rien absolument ne vient sans irrigation.

Les prairies naturelles pourraient être plantées de quelques rideaux d'arbres, qui serviraient d'abri aux bestiaux pendant la forte chaleur et dont l'ombre les mettrait à peu près à l'abri de la cruelle piqûre des taons.

Le foin de ces prairies est actuellement récolté pour la consommation sur place ; on le coupe vers le 15 Mai dans la plaine des Abaziz, vers le 15 Juin à Aïne Boucif. Après l'avoir bien fané on l'emmeule, comme la paille, en petits dômes que l'on recouvre d'une couverture en diss ou en sennar et dont le pied se trouve protégé contre les animaux par une ceinture de jujubiers secs. Ce foin se consomme surtout sur place ; une petite partie se vend à Bogari, à des prix très variables, mais souvent voisins de 8 à 9 francs le quintal.

Tous les travaux de culture sont faits par les hommes dans le Titteri, à quelques exceptions près. C'est ainsi que les femmes prennent souvent part à la moisson avec les autres membres de la famille, quand celle-ci n'est pas riche, et que, dans les Ouled Alane on voit beaucoup de femmes travailler à la terre dans les jardins, avec les hommes, couper les foins et les faner.

Tous les cultivateurs un peu à l'aise font cultiver leurs terres par des *Khammès*, c'est-à-dire des associés agricoles au cinquième.

§ 3. — *L'élevage.* — L'élevage offre dans le Titteri beaucoup moins d'intérêt et d'importance que la culture.

Celui du mouton se fait partout, mais d'avantage dans les Mfateha, les Ouled Maarreuf et les Ouled Mokhtar. Cependant les troupeaux tant soit peu nombreux vont autant que possible passer l'hiver dans les steppes où la température est plus clémente et le pâturage plus abondant. C'est encore ainsi que procèdent les Ouled Alane et les Adaoura, qui envoient leurs troupeaux, les premiers chez les Mouiyadète, les Rahmane et les Sahari, les seconds chez les Ouled Sidi Aïssa. Mais ces troupeaux rentrent en été après la moisson, et avec eux viennent ceux des steppes voisines, ainsi que ceux des Ouled Nayl et des Larba. Les grands campements de ces deux dernières tribus étaient autrefois Saneg, chez les Ouled Mokhtar, Aïne Tléta, chez les Mfateha et l'Oued Elhakoum des Douaïrs ; mais leurs migrations subissent de jour en jour plus d'entraves et le nombre de troupeaux reçus par le Titteri en estivage tend à diminuer, comme peut-être aussi le cheptel local. [1]

____

(1) En somme, il y a en hiver un mouvement général des troupeaux vers le Sud, chacun tâchant de retrouver des conditions le moins différentes possible de celles qu'il rencontre chez lui aux meilleures époques de l'année et qui conviennent à sa race ; et vice versa en été. La même chose se passe en bien d'autres pays, par

Le mouton du Titteri ne se distingue guère de celui des steppes voisines par son extérieur ; dans les parties élevées on rencontre cependant quelques bêtes à laine rude [1] et plate, du type du mouton de montagne algérien ; mais elles ne dominent pas par le nombre.

La méthode d'élevage du mouton est la même dans le Titteri que dans les steppes, aussi rustique, avec le même manque de précautions, d'abris, etc. Et certainement ces négligences y sont bien moins excusables. Aussi la mortalité est-elle très grande en cas de gros mauvais temps ; on parlait, en 1904, d'un individu qui avait perdu 280 moutons en trois jours ; on vit une nuit mourir 9 chèvres sur les dix que possédait une vieille.

L'élevage de la chèvre se fait concurremment avec celui du mouton dans le Titteri sur une assez grande échelle.

Les pâturages utilisés sont ceux des crêtes rocheuses et des pentes caillouteuses ; les meilleurs sont ceux où dominent le *plantago albicans*, minuscule plante veloutée blanchâtre que les arabes appellent *Lèlma*. Ceux des dernières ondulations sablo-gréseuses du midi sont couverts déjà de beaucoup de plants de *sennar*, et cette plante peut, à la rigueur, en cas de disette, suffire à empêcher les troupeaux de mourir tout à fait de faim. Il en est de même du *diss* dans les parties élevées ; mais cette plante n'est mangée volontiers que par les bêtes qui y sont habituées. Après les moissons les chaumes sont une précieuse ressource. On trouve déjà, dans les parties basses et chaudes du Titteri, *l'armoise blanche (chih)* et *l'arroche halime (guetaf)* qui sont un si grand élément des pâturages des steppes et donnent une si grande qualité à la chair du mouton.

Les moutons du Titteri sont vendus principalemement sur les marchés de Bogari, du Tléta des Douaïrs, du Had des Rebaïyas, d'Aïne Boucif, de Chellala des Adaoura, de Sidi Aïssa et d'Aumale. Ils sont ensuite acheminés sur Alger de la façon suivante :

De *Bogari*, par la route nationale, jusqu'au camp des Zouaves ; de là, par la traverse des Beni Hassen à Médéa ; ils reprennent alors la grande route. Quelquefois ils vont à Berrouaguia où on les embarque sur la voie ferrée.

Du *Tléta*, *d'Aïne Boucif*, du *Had des Rebaïya*, ils vont à Berrouaguia principalement.

De *Chellala* des *Adaoura*, de *Sidi-Aissa*, quelquefois même d'*Aïne*

____

exemple dans le bassin de la Garonne où le mouton des Pyrénées descend en hiver sur les collines et les plateaux tandis que celui des plateaux et des collines va s'établir dans les plaines.

[1] C'est ce que l'on appelle en arabe le *poil de chien (chaar el kelb)*.

Boucif, on les évacue par le « *Triq Eljellaba* » [1] qui coupe la chaîne du Dira, la plaine des Beni Sliman, l'Atlas de Tablat dans le douar Tourtathine, et va tomber dans la Mitidja près de Larba des Beni Mouça.

Les maquignons se plaignent beaucoup des vexations dont ils sont l'objet de la part de certains propriétaires fonciers qui semblent voir dans la faculté de réclamer des dommages intérêts pour délit de dépaissance une manière commode d'augmenter leurs revenus ; ceci n'est point dit pour excuser les désordres que commettent trop souvent les conducteurs de troupeaux ; mais on ne saurait admettre non plus l'intransigeance avec laquelle certains propriétaires prétendent exercer des droits qui ne sont pas toujours justifiés. Il y a longtemps que le fait a été signalé en maint endroit ; n'est-il pas exhorbitant, par exemple, de voir certains troupeaux importants grevés de frais supplémentaires qui peuvent parfois s'élever à près de 5 francs par kilomètre, du fait d'amendes, frais de fourrières, indemnités, etc. ? Et n'aurait-on pas dû, comme on l'a si souvent réclamé, obvier à ces inconvénients en laissant pour les troupeaux des chemins très larges, non empierrés, tracés comme des chemins de traverses c'est-à-dire aussi directs que possible, avec des réserves de pâturage, ou tout au moins de vastes champs de campement de loin en loin, pris sur les terres domaniales ou communales suivant les cas. [2] L'élevage et le commerce du mouton sont une source de profits tellement considérables pour l'Algérie qu'il vaut bien la peine de faire quelque chose pour le faciliter. C'est une question d'intérêt public au premier chef.

Après l'élevage du mouton celui du bœuf est le plus important. Il se fait surtout dans les Ouled Alane, les Titteri, Souari, Dehimate, Adaoura. Les bœufs servent beaucoup à la culture ; les vaches donnent aux sédentaires le lait que les nomades demandent aux brebis. Depuis quelques années l'élève du bœuf se propage dans les Ouled Sidi Aïssa, les Ouled Ali ben Daoud et les Mouïyadète des steppes. [3]

Il y a dans la partie centrale du Titteri des prairies un peu marécageuses. On est assez surpris, quand on vient des régions dessé-

---

(1) C'est-à-dire « le chemin des maquignons ».

(2) Il en serait résulté une économie de temps précieuse pour les maquignons, de fatigue pour les troupeaux ; la suppression d'une foule de procès, de complications administratives, celle d'un fâcheux état d'antagonisme entre éleveurs et cultivateurs ; et aussi une sérieuse économie pour les Ponts et Chaussées, dont les routes sont promptement dégradées par les moutons.

(3) Il en est de même plus à l'Ouest, en bordure de l'Ante-Titteri, chez les Zenakhra Mehaoucha, les Bou Aïche, les Abadliya.

chées du Sud, de trouver, dans certaines vallées, des troupeaux de bœufs et de chevaux au milieu des herbages, sur le bord de ruisseaux encombrés de joncs et d'épis, où les bœufs aiment à se plonger, à barbotter jusqu'au ventre. Dans les parties moins élevées le bœuf est moins favorisé ; il mange un peu ce qu'il trouve comme le mouton ; le sennar, notamment, forme souvent le fond de sa nourriture ; pauvre alimentation s'il en est. Il est bien rare que les indigènes disposent d'abri pour leurs bœufs en hiver, et l'élevage se fait avec le même manque de précautions que celui des moutons.

Les principales races de bœufs du pays se réduisent à trois : les rouges, à cornes déjetées obliquement de côté et en haut, en demi lune : les jaunes, osseux, un peu décousus, à très grandes cornes en lyre, quelquefois même rabattues sur le front ; les noirs ou mieux charbonnés, avec raie plus claire sur le dos, des cornes très courtes, robustes, presque piramidales, latéralement dirigées. Ces derniers sont plus abondants au centre de la montagne, ainsi que les jaunes ; les charbonnés sont les plus rustiques, les plus beaux de forme, les plus propres à l'embouchage ; mais ils n'atteignent presque jamais une grande taille. Au demeurant on trouve partout ces trois types en plus ou moins grande abondance, plus ou moins purs, plus ou moins mêlés.

Dans les Ouled Alane certains bœufs roux atteignent une taille fort respectable ; mais en général le bœuf du Titteri est petit, toutefois sans être presque nain, comme celui de certains points des steppes.

Dans les Adaoura on commence à trouver des animaux croisés de races indigènes et européennes.

Le chameau est beaucoup plus rare ; on le trouve surtout, mais seulement en petit nombre, dans les Adaoura, les Ouled Mokhtar, et, d'une façon générale, à la lisière sud du massif. Dans les parties élevées il souffre trop, en effet, des pluies, des neiges, des froids de l'hiver ; on cite des mortalités de huit chameaux par tente certaines nuits de mauvais temps. D'ailleurs le chameau se meut malaisément en montagne, dans les terrains glissants et boueux ; il s'y casse les membres avec une extraordinaire facilité. Par contre il ne craint pas les endroits rocheux qui ne sont pas par trop escarpés.

Cependant les propriétaires qui ont de gros troupeaux de moutons sont obligés d'avoir aussi des chameaux qui les suivent en nombre suffisants dans les transhumances ; car celles-ci ne sauraient se faire sans leur secours.

Le chameau du Titteri est fortement constitué, avec des membres massifs, une charpente grossière, une allure lourde. Il est de grande taille et contraste fortement avec les bêtes légères et fines du Sud.

Les chevaux sont élevés surtout chez les Ouled Mokhtar, les Ouled Alane, les Douaïrs, les Adaoura ; mais ailleurs on en rencontre aussi beaucoup. Ce sont d'excellentes bêtes, courageuses et robustes, agiles, au pied très sûr, un peu plus étoffées quelquefois que celles des steppes, aussi résistantes, mais convenant mieux peut-être pour les régions accidentées. Les commissions de remonte les apprécient beaucoup. On trouve dans les Adaoura beaucoup de chevaux d'assez grande taille, de formes superbes. Malheureusement l'appauvrissement de certaines tribus tend à faire péricliter cette branche de l'élevage.

Les chevaux sont élevés constamment au grand air ; rarement on les abrite, même pendant la nuit. Ceux des Ouled Alane et des Adaoura passent une partie de leur existence dans les prairies naturelles un peu humides ; d'où cette ampleur de forme qui manque à leurs congénères des pays secs. On les fait paître aussi par grandes troupes au milieu des chaumes, dans tous les endroits où se trouvent des pâturages, quels qu'ils soient. Ils ne sont pas exigeants sur le choix de la nourriture. Au printemps on leur donne, pendant la nuit, à l'attache, ou dans le parc où on les fait rentrer, du fourrage coupé vert ; les gens peu fortunés, et même quelques autres, en profitent malheureusement pour supprimer la ration d'orge, même aux bêtes qui travaillent ; fâcheuse pratique qui diminue leur force et leur énergie.

L'orge est le seul grain donné aux chevaux ; la paille est assez abondante pour qu'on puisse toujours leur en donner, ce qui est rare au contraire, dans les steppes.

Les plus beaux chevaux sont toujours couverts d'une sorte d'épais tapis appelé *Jlèl*, avec lequel ils vont au pâturage et qu'ils ne quittent ni jour ni nuit, sauf quand on les selle. L'hiver c'est pour les protéger du froid ; l'été pour les mettre à l'abri des piqûres des taons. En toute saison le jlèl, maintient au poil tout son lustre. Trois stations de remonte ont été créées, à Chellala, Aïne Boucif et Bogari.

L'âne, commun partout, si utile aux pauvres, est de petite taille.

Le mulet est peu commun ; les Alane et les Adaoura sont à peu près les seuls à en produire un petit nombre.

Les poules se trouvent partout ; mais nulle part on ne fait l'élève en grand. C'était d'ailleurs impossible avec des tentes et des huttes mal fermées, où ces volatiles pénètrent, cassent et salissent tout. Il n'en sera plus de même dorénavant puisque les maisons se multiplient.

Ajoutons enfin l'élevage du cochon qui ne fait que s'introduire, mais qui paraît devoir donner des résultats, à considérer la façon dont prospèrent ceux de la ferme Saradet, au Taragraguet, ceux de quelques Européens d'Aïne Boucif. Ces animaux vont au pâturage gardés par de jeunes pâtres arabes, et trouvent une pâture fort à leur goût dans les racines succulentes et charnues des nombreuses plantes sauvages. Malheureusement, quand ils sont mal surveillés, ils causent beaucoup de dégâts dans les champs ensemencés en fouillant la terre.

§ 4. — *Industrie.* — L'industrie se réduit presque à la seule fabrication de quelques objets domestiques par les soins des femmes ; poteries grossières, marmites, pots à cuire ; outres pour provision d'eau (car on n'utilise jamais la poterie à cet usage) ; tissus de laine, musettes à orge, sacs de laine pour le transport des grains, etc. ; corbeilles plates en halfa, plus ou moins ornées, quelquefois entremêlées de brins de laine ; *flidjes*, ou bandes de tissu de laine qui, par leur réunion, constitueront la tente.

Toutes les pièces du vêtement ou les étoffes nécessaires pour le confectionner, sont importées ou viennent de Bogari, de Chellala ; les beurnous de Bogari, de Kabylie, en petit nombre, mais surtout de Médéa ou de Lagouate, les souliers, article de confection, en majeure partie d'Alger.

Un moulin à eau, indigène, existe au grand coude de l'Oued Tafraout, en amont des gorges par lesquelles il sort du Titteri. Des moulins à vapeur chauffés au pétrole ont été installés à Aïne Boucif par un Espagnol, M. Salvador Ripoll, à la tête de l'Oued Elhammam d'Harmela, par un Italien, à Chellala par un Français. La mouture se paye d'habitude en grains. En dehors de ces établissements les indigènes ont encore conservé partout l'usage de moudre le grain au petit moulin à mains, dont les meules sont vendues sur les marchés par les Kabyles. [1] Mais l'habitude d'acheter de la semoule importée par les minotiers de Blida ou de Médéa commence à se répandre dans les familles aisées.

Les briques, les tuiles, se font à Chellala, Aïne Boucif, au Tleta des Douaïrs, à Bogari ; le plâtre à Chellala, à Teqaza, au Tleta, à Bogari ; la chaux à Bogari principalement. C'est le caïd Mohammed ben Ahmed, des Adaoura Reraba, qui apprit à ceux-ci à faire le plâtre avec de très beaux gypses d'Oum Eddeba. Nous avons vu plus haut les entraves apportées à ces industries par la pénurie de combustible.

Les *Hannacha* font quelques nattes en halfa qui se vendent de

---

[1] Je crois qu'elles viennent surtout de Palestro.

1 franc à 3 francs suivant la taille, très bon marché par conséquent, sur le marché de Bogari.

§ 5. — *Commerce*. — Le commerce du Titteri est peu important. Les marchés du *Tlela des Douaïrs* (mardi), du *Had des Rebaïya* (dimanche) de *Chellala* (jeudi) *d'Aïne Boucif* (vendredi) de *Bogari* (lundi) sont les lieux où les tribus écoulent ordinairement leurs produits, grains, bestiaux, laines, poils de chèvres pour acheter en retour l'épicerie, les cotonnades, la mercerie, la parfumerie apportées par les Juifs ou les Kabyles, les légumes et les fruits apportés de Blida, de Médéa, des Beni bou Yagoub par les Médéens. On y trouve aussi les produits du Sud, chameaux, dattes, le charbon et le goudron qui, dans l'Ouest, viennent des Ouled Anteur de Bogar, et dans l'Est du Dira ou bien des Sahari Ouled Mahim

Le marché de Bogari acquiert une importance spéciale parce qu'il est fréquenté par toutes les tribus des steppes contigües.

Ces marchés existent depuis longtemps ; celui d'Aïne Boucif, qui se tient maintenant près du bordj, avait lieu autrefois à quelques kilomètres plus au Sud, au col dit *Gaadet Elokka* [1], sur le sentier qui se rend à Birine en passant par Aïne Sidi Abd Elqader et Aïne Sidi Bekhkhouche.

Depuis peu Chellala s'est vu l'objectif de quelques Kabyles et de quelques Juifs de Berrouaguia, qui sont venus y établir des boutiques dans les maisons nouvellememt construites. Certaines sont assez bien achalandées et Chellala se trouve devenir peu à peu un nouveau centre d'approvisionnement pour la tribu. Un mouvement analogue se dessine au Tleta des Douaïrs et tend à se faire à Aïne Boucif. On peut encore signaler un embryon de boutique en pleine tribu, chez les Titteri, *à Aïne Elalimiya*. [2]

Des colporteurs Kabyles parcourent le pays en vendant les mêmes articles que leurs compatriotes des marchés ; d'autres, Médéens d'origine, en vendant des fruits et des légumes.

---

(1) « La colline de l'outre à beurre ».

(2) Depuis dix ans j'ai vu créer ainsi beaucoup de boutiques en pays arabe, sommaire il est vrai dans des locaux exigus et misérables, mais où l'on trouve cependan à se procurer des choses indispensables ou utiles, sucre, café, blé, figues, dattes bougies, savon, huile, pétrole, tabac, allumettes, mercerie, quelquefois même des cotonnades. Souvent ces boutiques sont temporaires, ouvertes seulement au temps des moissons. Assez souvent aussi on y paye en grains ou en laine plutôt qu'en argent, elles rendent toujours service ; malheureusement ce sont quelquefois des repaires d'usuriers ; quand leurs tenanciers sont kabyles. Mais d'autres fois elles appartiennent à des Indigènes de la tribu même.

Les marchands de poules qui approvisionnent Alger, des Beni Sliman, pour la plupart, avec quelques Juifs, viennent acheter beaucoup à Aïne Boucif depuis quelque temps. Il y ont fait rapidement doubler les prix ; uns poule s'y vend aisément 2 francs maintenant.

§ 6. — *Voies de communication*. — Le manque de route nuit malheureusement à l'essor du Titteri.

De mauvaises pistes montueuses, traversant ici des étendues rocheuses, là des nappes d'argile, permettent seules les communications. Les principales sont celles de :

Chellala à Bogari par Aïne Boucif et les crêtes.

Chellala à Bogari par le bord méridional du massif et Saneg.

De Chellala à Sidi Aïssa par le sud du Kef Afoul et Aïne Elqçar.

De Chellala aux Beni-Slimann.

De Chellala aux Had des Rebaïya et à Berrouaguia par le Nord du Kef Lakhdar.

D'Aine Boucif à Birine.

D'Aïne Boucif à Harmela et de là aux Rebaïya et à Berrouaguia.

De Saneg à Haouch Khamkham en passant par le col à l'ouest de Taragraguet.

De Bogari au Tléta des Douaïrs par l'Oued Oroua et le col de Fegnouna.

En hiver, elles restent fréquemment impraticables pendant des semaines entières, soit que les torrents gonflées par les crues s'opposent à toute tentative de traversée, soit qu'elles se transforment en nappes de boues. Ici ce sont les argiles à gypse où les chevaux enfoncent, là les argiles à huitres, luisantes, gluantes, où ils glissent des quatre pieds, ailleurs les éboulis du pliocène, qui, glissant par masses, sont sillonnés de fractures cachées par l'herbe mais où des bêtes peuvent disparaitre en entier ; ou bien encore, à la lisière Sud, les sables mélés d'argiles, vraies fondrières.

Au printemps c'est autre chose ; dans les endroits secs, les pistes, défoncées pendant l'hiver, se hérissent de croûtes, d'aspérités, d'arêtes d'argile dures comme de la poterie ; le pied ne saurait trouver un endroit plan de quelques centimètres carrés où se poser. Une bête non ferrée n'y résiste pas.

En été l'inconvénient est moindre, car toutes ces aspérités, ces intumescences se réduisent à la longue en poussière qui bouche en partie les creux. Mais, même alors, combien d'endroits argileux que les eaux, suintant des grès, rendent dangereux ?

Aussi le prix des transports s'en ressent-il ? Un mulet se loue 6 francs, un âne 3 francs, de Berrouaguia à Chellala des Adaoura, soit

pour 32 à 34 kilomètres. Le mulet porte environ 100 kilos, l'âne 50
à 60. Mais celui qui prend la bête en location doit la nourrir en route,
lui donner une ration d'orge supplémentaire à l'arrivée, plus un pain
au conducteur ; ce qui porte le prix de location à 7 francs dans le
premier cas, au moins, et à 4 dans le second. On voit quelle majora-
tion de prix doivent subir des marchandises une fois parvenues à
Chellala, étant donné surtout qu'à Berrouaguia déjà beaucoup d'entre
elles se payent beaucoup plus cher qu'à la cote, à cause des prix
élevés de transport par chemin de fer.

Quelques routes ont été commencées, qui porteraient remède à cet
état de choses ; mais les travaux se poursuivent sans activité.

La plus ancienne se branche sur la route Nat. d'Alger à Lagouate
à la traversée de l'Oued Elhakoum, remonte cette rivière jusqu'au
confluent de l'Oued Serouane ; [1] de là un tronçon va sur Berrouaguia, un autre, par la même vallée que précédemment, sur le Tleta
des Douaïrs, Harmela, et enfin sur Aïne Boucif en longeant l'Oued
Malah. Mais, faute d'entretien, elle est impraticable, coupée par les
ravins entre Moudjebeur et le village arabe de l'Oued Elhakoum. Il
est à souhaiter que la création projetée d'un village de colonisation à
Moudjebeur ait pour effet la remise en état de cette route si utile. Le
tronçon Berrouaguia-Oued Elhakoum offre même un interêt général,
comme voie d'accès vers Bogari et les steppes ; il présente des
avantages marqués sur la route passant par le Mont Gorno dont la
valeur est purement stratégique. Son profil est plus uni, plus régulier ; il traverse une région fertile qui se couvrirait sûrement
d'exploitations agricoles spontanément ; tandis que l'autre serpente
laborieusement au travers d'une région accidentée, boisée, qu'il faut
nécessairement laisser telle, et qui est plus ou moins déserte.

Une autre route a été commencée, devant rejoindre Bogari à Sidi
Aïssa, pour compléter, avec les tronçons récemment achevés de
Teniet et Bogar, la grande voie des crêtes dominant les steppes,
d'Aumale à la province d'Oran. Mais deux tronçons existent seuls,
inachevés, non empierrés, ou qui le sont par places seulement ; l'un
de Bogari à mi chemin de Ben Haoua, sur 5 à 6 kilomètres de long ;
l'autre de Sidi Aïssa à Chellala par le nord du Kef Afoul. Ailleurs ce
n'est qu'une piste, praticable seulement par beau temps pour des
voitures très légères. Il est fâcheux qu'on ne la poursuive pas avec
activité ; elle serait indispensable pour donner accès au cœur du Titteri, et, même au point de vue stratégique, elle rendrait de grands
services ; elle faciliterait les mouvements de troupes d'Est en Ouest

---

(1) Appelé souvent Oued Segouane ou Seghouane.

dans une région à peu près absolument impraticable à l'artillerie et aux bagages dès qu'il commence à pleuvoir.

Il est fâcheux encore qu'on ait entrepris une nouvelle route, se branchant sur la route de Lagouate à 6 kilomètres au Sud de Bogari pour gagner Saneg par la vallée de l'Oued Doufana. Très exposée aux érosions si actives des affluents du Chélif, elle offrira de plus un tracé très long, coûtera cher d'établissement et d'entretien. On pouvait se contenter d'abord de la route de montagne, plus courte, plus facile à établir sur un terrain très stable, plus accidenté il est vrai, mais à l'abri des grosses érosions et des boues en temps de pluie ; très éventée par la brise du Nord et bien plus fraiche en été. La route de Saneg pouvait attendre.

Il serait encore à désirer qu'on reliât promptement Chellala à Berrouaguia et Aumale. Un tronçon parti du village pour gagner Sour Djouab par la vallée de l'Oued Tafraout, se soudant à la route Aumale-Berrouaguia, résoudrait le premier cas. Pour le second un tronçon de 8 à 10 kilomètres suffirait, rejoignant l'extrémité de la route partie d'Aumale et qui va, au travers du territoire civil, jusqu'à la limite du territoire militaire. Les indigènes des Adaoura offriraient, d'après le caïd Mohammed, de contribuer dans une large mesure à son édification en fournissant la main-d'œuvre, soit, suivant les cas, par corvées qu'ils s'imposeraient, soit en payant un certain nombre de journées d'ouvriers. Ils demanderaient seulement que l'Etat se chargeât des ouvrages d'art ; mais, de ceux-ci, un séul paraît devoir être coûteux et immédiatement indispensable ; le pont sur l'Oued Lehain ; les autres se feraient peu à peu, au fur et à mesure que l'augmentation du trafic et celle de la richesse du pays motiveraient l'amélioration de la route.

§ 7. — *La colonisation.* — Cet essor agricole spontanément pris par le Titteri dans ces dernières années a pour conséquence l'introduction d'éléments nouveaux dans son sein, qui dessinent un véritable mouvement de colonisation libre des plus intéressants.

Trois sortes d'étrangers ont depuis peu commencé à s'établir dans le Titteri ; des Israélites, des Musulmans, des Européens, en les classant par ordre d'importance.

Les Israélites viennent de Berrouaguia. Ils s'établissent commerçants à Chellala, au Tleta des Douaïrs, à Aïne Boucil ; il peut y en avoir actuellement 60 à 80 ; c'est peu de chose, mais il n'est pas douteux que leur nombre doive augmenter rapidement. Il est inutile d'insister sur l'utilité que présente pour le pays l'arrivée de cet élément qui semble devoir être encore, de longtemps, au point de vue commercial, un intermédiaire entre les Européens et les Indigènes.

La plupart s'intéressent plus ou moins aux opérations agricoles en s'associant avec des indigènes ou mieux en se faisant leurs commanditaires ; mais, fait auquel on s'attendrait moins, quelques-uns commencent à se livrer directement à des entreprises agricoles. Ils le font avec succès, car ils y apportent les mêmes habitudes d'ordre et de travail que dans le commerce. En général, d'ailleurs, ils ont plus ou moins recours à celui-ci comme aide au début. Leurs procédés de culture sont ceux des indigènes ; ils ont des Khammès. Je citerai un Israélite à Souq Elhaad, un autre à Harmela, plusieurs à Haouch ben Khamkham, (1) au Tléta des Douaïrs, et celui qui s'est installé au pied de Taragraguet, à peu de distance de Teqaza, sur la piste d'Aïne Boucif à Bogari. Le premier possède des terres étendues ; le dernier est seulement associé avec les indigènes ; mais il ne tardera pas sans doute à devenir propriétaire ; il habite une sorte de petite ferme où il vend en même temps un peu d'épicerie. C'est dans de véritables fermes entourées de terres que vivent les autres.

Quelques Européens sont aussi venus depuis peu s'installer dans le Titteri ; M. Saradet a créé une belle ferme au pied Nord du Taragraguet ; mais il ne l'habite presque jamais. Un Français a loué à l'Etat la ferme jadis établie à Harmela par le bachaga Yahya-le-boiteux. MM. Salvador Ripoll, Espagnol, et Lionne, Français, s'occupent d'agriculture à Aïne Boucif, en même temps que du commerce des grains et des bestiaux. Le premier est le propriétaire d'un des moulins à vapeur du pays ; le second habite la grande et belle maison construite par l'ex caïd Ben Elabiod. Un peu plus à l'Est, sur la route de Chellala, un Italien a installé un moulin, je l'ai dit aussi.

Mais c'est à Chellala qu'il est plus intéressant d'étudier les Européens. Il y en a une vingtaiee : maçons suisses, tuiliers, briquetiers, jardiniers espagnols ; une espagnole tient une gargotte à l'usage des indigènes. Elle vécut longtemps chez un caïd de la province d'Oran, paraît-il, comme domestique, et elle y apprit à faire la cuisine arabe la plus compliquée à la perfection. Il y a des Français, un menuisier, charpentier, un forgeron, un meunier.

Certains d'entre eux sont malheureusement des gens peu sérieux, plus pressés de boire que de payer ce qu'ils doivent. C'est dommage, car ils trouvent à Chellala de bonnes conditions d'existence. Comme ils se sont établis sans gêner personne, sans léser aucun droit, que

---

(1) Ben Khamkham est précisément le nom du fondateur de la ferme et de l'espèce de village qui commence à se dessiner autour. C'est un Israélite.

leur présence s'accompagne au contraire de services rendus, il s'ensuit qu'ils s'entendent bien avec les indigènes. Ceux-ci les rétribuent suffisamment, leur fournissent du travail d'un bout à l'autre de l'année sans qu'ils aient à craindre le chômage, et même ils leur prêtent à titre gracieux des bêtes, des terres, des semences pour faire de la culture, une espèce d'accommodation se produit entre les Européens et Indigènes ; la plupart des premiers parlent ou bégayent plus ou moins l'arabe ; deux ou trois arborent des chéchias ; un maçon Suisse a épousé une femme musulmane du pays ; un Français a marié sa fille à un musulman de Médéa. Mais quelques uns paraissent devoir pousser trop loin la fraternité ; le fils d'un jardinier Espagnol s'entend si bien avec les brigands du pays, qu'il se charge d'écouler sur les marchés les bêtes volées par eux, profitant de ce que son costume, sa qualité d'Européen éloignent de lui les soupçons. Le boulanger Espagnol et sa femme sont au contraire des gens très sérieux, paraît-il, Mais quant à la plupart des autres, la légèreté de leur caractère les prive des avantages qu'ils retireraient sûrement de leur séjour dans le pays, s'ils voulaient. Sales, déguenillés, souvent ivres, couverts de dettes, ils laissent leur intérieurs se convertir en taudis, tandis que leurs enfants vont pieds nus, aussi débraillés, mais plus malpropres, que ceux des plus pauvres indigènes.

Les Kabyles commencent à s'installer au Tleta des Douaïrs et à Chellala ; ils formeront probablement dans l'avenir, comme à Bogari déja, des colonies de commerçants et d'artisans, épiciers, droguistes, cafetiers maures, teneurs d'écuries, menuisiers, forgerons, armuriers, maréchaux-ferrants, tailleurs, boulangers, etc. Déjà l'un d'eux a introduit à Chellala la première machine à coudre, qui lui permet de vivre dans l'aisance.

Il n'y a pas encore de Mozabite.

En revanche les Médéens fréquentent les marchés avec assiduité ; deux ou trois sont installés au Tleta des Douaïrs ; ils ne tarderont pas à faire de même à Chellala sans doute. Ils viennent soit directement de Médéa, soit de Berrouaguia, où depuis six à sept ans, s'est groupée une importante colonie des leurs, construisant tout un quartier nouveau et nécessitant l'installation d'un bain maure. Certains indigènes riches aiment épouser des Médéennes ; l'influence de ces femmes dans les familles arabes des pays est remarquable ; elle a pour conséquence immédiate l'amélioration de la demeure, celle du mobilier, leur mise sur un pied d'élégance et de propreté inconnues jusque-là ; en même temps la nourriture se transforme, tout en restant simple, et les plats variés en usage dans les villes remplacent la galette et l'éternel couscous. De même les familles de Médéens propagent dans les centres de l'intérieur l'urbanité des mœurs, importent l'industrie domestique et féminine du tissage du burnous et des tapis, en même temps que d'autres industries réservées aux hommes, comme par exemple celle de la teinturerie. Il est incroyable combien contact de Musulmans policés avec d'autres restés grossiers est plus profitable pour ces derniers que ne le serait pour eux celui des Européens.

D'autre part il est intéressant de constater aussi combien cet élément issu des petites villes du Nord, comme Blida, Médéa, Miliana, présente une vitalité bien supérieure aux Algérois musulmans. Alors que les Médéens essaiment dans le Sud même de la province d'Alger, jusqu'à Lagouate, dans les steppes, jusqu'à Chellala des Megguène ; qu'ils vont bientôt doubler Berrouaguia comme ils ont déjà plus que doublé le qçar Bogari ; qu'ils doubleront ou tripleront le Tleta des Douaïrs, Chellala, Aïne Boucif ; par contre les Algérois disparaissent sans laisser de trace partout où ils passent. Non seulement leurs tentatives de colonies disparaissent au bout de quelques générations, comme celle de Tétouan, au Maroc, en est un si frappant exemple, mais ils reculent à Alger même devant l'invasion des Biskris, des Kabyles, des Coléens, des Milianais, des Blidéens, des Médéens et même des Beni Slimann ; et ce avec tant de rapidité qu'une seule période de dix années suffit pour montrer dans la population indigène de la ville de profondes transformations. On peut prévoir que, dans vingt ans d'ici, il ne restera guère plus d'une vingtaine de familles purement algéroises d'origine, et encore aucnne sans infusion de sang étranger. C'est que le Médéen qui va coloniser est travailleur, industrieux, rangé, économe, dur à la fatigue, tandis que l'Algérois est paresseux, nonchalant au suprême degré, habitué à ne voir dans la vie que ses plaisirs, et toujours prêt à dire, comme ces Andalous de Grenade à qui l'on annonçait que l'Espagnol était aux portes « Laissez nous d'abord écouter jusqu'au bout cette partition musicale. »

Il est à craindre qu'une bonne part de ces réflexions ne puisse s'appliquer aussi à bien des Européens du Titteri. A l'exception de certains Espagnols, cet élément présentera-t-il la même vitalité, la même force d'adaptation aux circonstances que les Israélites, les Kabyles ou les Médéens ? Il faudra longtemps pour qu'il se fasse au climat inégal, aux alternances d'abondance et de disette de ses années agricoles, qu'il s'arme de patience, d'une grande dose de philosophie, de ténacité, de volonté, de sobriété, ou bien de beaucoup d'argent. Mais vaut-il la peine de risquer de gros capitaux pour un médiocre bénéfice ? Il me semble certain que quelques gros colons pourront très bien prospérer dans de grandes fermes ; mais à condition que le nombre en soit restreint ; sans quoi la concurrence les tuera. Le pays est bon, mais pas assez riche pour nourrir une forte proportion d'Européens.

Les mêmes réflexions se présentent à l'esprit quand on pense aux Israélites, mais les empêchements sont moins graves. Le nombre des grandes fermes Juives sera forcément petit, aussi bien que celui des grandes fermes Européennes ou Indigènes. Mais il pourra y avoir d'autres établissements Juifs d'ordre secondaire en nombre plus grand que celui des établissements Européens similaires. Plus souple, l'Israélite connaît mieux l'Indigène, parle toujours sa langue, sait mieux se mettre à sa portée. Son caractère accessoire de commerçant, même infime, lui permet de traverser sans naufrages les tempêtes du début de l'installation.

Les Kabyles, les citadins musulmans, (les Hadar, [1] comme on les appelle) se maintiendront probablement dans les centres, les villages, les hameaux, conformément à leurs aptitudes héréditaires, pour y prospérer, mais sans se répandre au dehors, dans la campagne, sauf autour des sources abondantes, dans les endroits où le jardinage et la culture maraîchère seront possibles. Ils formeront des alliances avec les indigènes du Titteri, influeront sur eux, modifieront un peu certaines de leurs coutumes, leur infuseront un peu de leur sang, mais ne les remplaceront pas.

En définitive, malgré l'adjonction d'éléments étrangers qui pourront décupler, centupler même, le Titteri restera, je crois, à ses Berbères Arabisés et à ses Arabes. Eux seuls sont assez adaptés au milieu par le contact et le frôlement des siècles, au physique comme au moral, pour prospérer partout et toujours. Faut-il le regretter ? Nullement, il me semble ; la richesse de l'Algérie semble, justement, fondée sur celle de l'élément Indigène plus ou moins mélangé d'Européens dont la prospérité découlera de celle de leurs voisins. La sagesse semble dire de ne pas chercher au-delà.

§ 8. — *La richesse indigène.* — De ce que le pays est en voie de transformation, doit-on conclure qu'il va s'enrichissant ? Question épineuse.

Dans le territoire civil la richesse parait avoir diminué ; elle parait s'être maintenue en territoire militaire. Dans le premier une des causes de cet appauvrisement, au moins apparent, doit-être l'établissement d'un régime judiciaire onéreux qui donne à l'Indigène

---

(1) (حضر), au irrégulier *Hadri* (حضري).

toute facilité pour contenter sa manie procédurière, mais en se ruinant.

Mais d'autres causes interviennent ; l'accroissement de la popution ; les nouvelles occasions de dépenses, les nouveaux besoins. Il n'est pas de tente, aujourd'hui, où tous ne boivent le café plusieurs fois par jour, même les plus jeunes enfants ; or le café n'était pas connu il y a cinquante ans. Il y a cinquante ans encore on n'achetait ni savon, ni bougie, ni pétrole, qu'on remplaçait par la terre à foulon et le bois résineux, ni sucre, ni cotonnades, ni mousselines, ni souliers vernis, ni une foule de choses que le commerce et l'industrie déversent aujourd'hui sur le pays. L'Indigène vivait de celui-ci, uniquement ; celui qui portait un kaïk de soie de 80 francs, les jours de fête, était considéré comme un des rois de la mode. Actuellement, il n'est pas un homme aisé qui ne porte au moins gilets et vestes de drap, quelquefois de soie, et beurnous de même. La prostitution était moindre ; les courtisanes les plus réputées vendaient leurs nuits pour un douro ; on a vu récemment des arabes riches les payer jusqu'à cinq cent francs.

La diminution de richesse en territoire civil est peut-être au fond plus apparente que réelle. Si l'on en convient, il faudra convenir aussi que cette richesse a pu s'augmenter un peu en territoire militaire, où les tribus jouissent d'un régime judiciaire et administratif beaucoup plus économique, quels que soient les défauts qu'on lui reproche.

Trois faits principaux sont invoqués cependant, en général, pour soutenir la thèse de l'appauvrissement ; la disparition des grandes tentes, le passage des terres à des mains étrangères, la diminution du cheptel et de la cavalerie. Restreignant la question au Titteri on peut observer :

La disparition des grandes tentes, en prenant le mot soit au sens propre, soit au sens métaphorique de grande famille, a pour contre partie l'érection de nombreuses maisons, de fermes, quelquefois étendues, la fondation de familles nouvelles, enrichies par le commerce ou l'industrie, qui remplacent des familles dont le rôle historique, politique, a pris fin, à la suite des transformations sociales et économiques.

La diminution du cheptel a pour contre partie l'extension continue des cultures ; celle de la cavalerie semble due à la facilité plus grande des communications lointaines, la multiplicité, pour celles-ci, des modes de transport public, l'amoindrissement de la transhumance, l'absolue disparition des razzias et des guerres ; toutes choses en vue desquelles on élevait surtout les chevaux.

Enfin, le transfert de certaines terres en des mains étrangères n'est peut-être pas non plus un signe évident d'appauvrissement. Si beaucouo d'Indigènes du Titteri ont vendu ou engagé leurs terres aux Mozabites, aux Israélites, aux Européens, en revanche beaucoup d'autres ont émigré dans les villes, y ont établi des commerces qui prospèrent et sont revenus au pays avec quelque argent. Beaucoup vivent comme maquignons, comme intendants, comme fermiers de ces mêmes Israélites ou Mozabites acquéreurs de leurs terres ; et il arrive souvent qu'on voit le Khammès presque aussi avantagé que le patron en fin de compte.

Pour bien des familles qui se sont ruinées, on pourrait en citer d'autres qui se sont enrichies ; pour certaines terres de tribus vendues à des Juifs ou à des Européens, on peut citer certaines maisons de Bogari achetées par des Arabes. Les courtisanes Arabes possèdent presque 1[5 du qçar, et tous les jours elles font construire à nouveau ; elles reprennent pièce à pièce au Juif, au Mozabite, à l'Européen ce qu'il a pris d'un coup à leurs contribules. C'est un Arabe, Cheikh Ben Sliman, marié à des femmes du pays, dont la fortune fera retour au pays, par conséquent, qui est le plus grand propriétaire de Bogari. Il possède la moitié du village et le quart du qçar. De sorte que l'Indigène du Titteri semble dans la situation de certains entêtés ; on les met à la porte, mais ils rentrent par la fenêtre. Il peut reculer ; mais je ne crois pas, même si ce recul est aussi reél qu'apparent, je ne crois pas qu'il soit définitif. C'est un phénomène passager. Ce que j'ai vu de l'incroyable vitalité de la race indigène dans la province de Constantine, où elle est en train de racheter certains villages de colonisation. me confirme dans l'idée que j'exprimais plus avant sur le Titteri.

Il s'y produit une transformation du mode et de la répartition de la richesse entre les mains des Indigènes, bien plutot que sa diminution réelle. Et si celle-ci s'est produit je crois fermement qu'elle ne saurait être définitive ; l'avenir me semble plutot comporter son augmentation, après quelques vicissitudes peut-être.

CONCLUSION

En résumé le Titteri est, à mi-distance des provinces d'Oran et de Constantine, à la lisière du Tell et des steppes, une région à laquelle son orographie, son sol, son climat permettent un certain avenir agricole ; la culture pourra s'y allier avec l'élevage du bœuf, du cheval et même du mouton sur une assez vaste échelle.

L'évolution commence ; des maisons, des fermes couvrent le pays de jour en jour plus nombreuses ; des jardins des vergers se créent. Peu à peu la vie nomade cède la place à la vie sédentaire.

. Tandis que tant de villages créés à grands frais par le gouvernement périclitent, meurent d'anémie quelques années après leur naissance [1] ; nous voyons au contraire une ancienne ville romaine renaître de ses cendres ; Chellala, spontanément, sans que l'administration ait rien fait pour elle, malgré les entraves qu'elle doit à son éloignement des centres, à son isolement, au manque de sécurité.

Le Titteri prend son essor ; que faut-il pour que celui-ci continue avec toute l'ampleur dont il est susceptible ? Deux choses seulement : la sécurité d'abord ; puis quelques routes dont les frais d'établissement seront bientôt couverts par les plus values que le trésor percevra d'un pays devenu plus riche.

Décembre 1904.

A. JOLY.

ERRATA & ADDENDA

Page 1. A propos de l'extension du Titteri. — Dire que le Titteri s'étend *jusqu'aux abords* de Sidi-Aïssa, dans l'Est, serait plus exact que de dire qu'il va jusqu'à la route d'Aumale à Bou-Sâada, à Sidi-Aïssa ; car il s'arrête à l'Ouest de la grande dépression de l'oued Elleham, qui se creuse elle-même assez à l'Ouest de Sidi-Aïssa.

Page 2. Les ondulations d'Echchaba, au Nord du Titteri appartiennent à la chaîne des monts d'Aumale, décomposables en plusieurs chaînons, mais non au chaînon du Dira, qui est précisément l'un des éléments des monts d'Aumale.

Page 3. La chaîne qui court du mont Gorno au Dira est précisément la chaîne des monts d'Aumale, dans laquelle on distingue aisément plusieurs crêtes parallèles.

Page 3. Au lieu de *Ras-Eddeba*, on dit plus souvent *Rar-Eddeba*.

Page 7. La cóte du Guern des Adaoura est 1323 et non 1328 (erreur d'impression).

---

[1] Voyez par exemple Derrag (Letourneux) sur la route de Bogari à Teniet.

Page 7 et passim. Beaucoup de noms propres ont été mal imprimés au cours de l'article. Ainsi,

    Il faut lire :   *Elmongar*, au lieu de *Elmougar* (passim).
          —   *Ben Haoua*, au lieu de *Ben Hanoua* (p. 24).
          —   *Lelma*, au lieu de *Lehna* (p. 25).
          —   *Oued Malah*, au lieu de *Oued Melah* (p. 27).
          —   *Reréyeb Arjoun* en deux mots, non en un seul (p. 31).
          —   *Oued Maamoura*, au lieu de *Oued Maamour* (p. 37).
          —   *Bled Qoriker*, au lieu de *Bled Qorike* (p. 37).
          —   *Kheil*, au lieu de *Kkeit* (p. 38).
          —   *Bakhnougue*, au lieu de *Bakhnongue* (p. 40).
          —   *Teqaza*, au lieu de *Tégaza* (p. 44).
          —   *Khamkham*, au lieu de *Kham Kham*.

Page 9. Le Rocher de Sel de l'Oued Malah des Ouled Mokhtar est appelé en arabe Djebel Zarga.

Page 18. Les Ouled Abd Elqader habitent le Kef Lakhdar.

Note sur les grès du Titteri. — Contrairement à ce qui est dit dans la première partie (géologie) les grès du Titteri appartiennent surtout au miocène inférieur (*cartennien-burdigalien*), mais ils doivent aussi, vraisemblablement, être attribués, pro-parte, à l'oligocène. Les argiles à huitres seraient de l'éocène moyen. (D'après les derniers travaux des géologues).

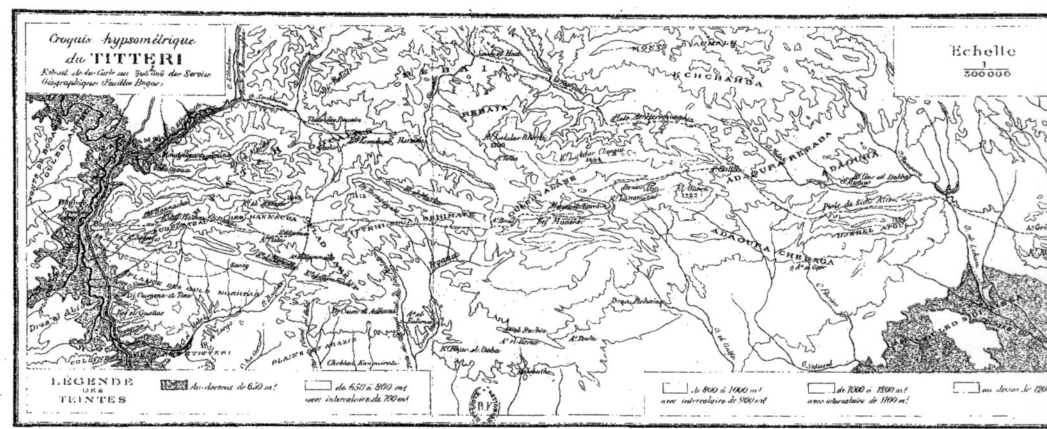

Croquis hypsométrique
du TITTERI
Extrait de la Carte au Trois-cent du Service
Géographique (feuilles Boger)
Echelle
1/300000
LÉGENDE DES TEINTES
Au-dessous de 650 m.
de 650 à 800 m. avec intercalaire de 700 m.
de 800 à 1000 m. avec intercalaire de 900 m.
de 1000 à 1200 m. avec intercalaire de 1100 m.
au-dessus de 1200
S. Léon